Andrew Wommack

Erfahre, wie man von Gott erfüllt bleibt

Erfahre, wie man von Gott erfüllt bleibt

Andrew Wommack

Originally published in the USA by

Harrison House

Discover the Keys to Staying Full of God

Die englischsprachige Originalausgabe erschien im Verlag *Harrison House Publishers* unter dem Titel *Discover the Keys to Staying Full of God* © 2008 by Andrew Wommack Ministries. This translation of *Discover the Keys to Staying Full of God* is published by arrangement with Harrison House.

Die Deutsche Nationalbibliothek verzeichnet diese Publikation in der Deutschen Nationalbibliografie; detaillierte bibliografische Daten sind im Internet über https://dnb.de abrufbar.

Bibelzitate, sofern nicht anders angegeben, wurden der Schlachter Bibelübersetzung entnommen. Bibeltext der Schlachter, © 2000 Genfer Bibelgesellschaft. Alle Rechte vorbehalten. Alle Bibelübersetzungen wurden mit freundlicher Genehmigung der Verlage verwendet. Hervorhebungen einzelner Wörter oder Passagen innerhalb von Bibelzitaten wurden vom Autor vorgenommen.

ELB *Revidierte Elberfelder Bibel,* © 2006 SCM R.Brockhaus, Witten.
EÜ *Einheitsübersetzung der Heiligen Schrift,* © 2016 Kath. Bibelanstalt GmbH, Stuttgart.
KJV *King James Version.*
LUT *Lutherbibel,* © 2016 Deutsche Bibelgesellschaft Stuttgart.
NLB *Neues Leben Bibel,* © 2017 SCM R.Brockhaus, Witten.

Umschlaggestaltung: Harrison House Publishers
Corporate Design: spoon design, Olaf Johannson
Übersetzung: Gabriele Kohlmann
Korrektorat: Thilo Niepel
Satz: Grace today Verlag
Druck: CPI Clausen & Bosse, Leck
Printed in Germany

1. Auflage 2023

Paperback: ISBN 978-3-95933-254-5, Bestellnummer 372254
E-Book: ISBN 978-3-95933-255-2, Bestellnummer 372255

www.gracetoday.de

INHALT

EINLEITUNG

In der Kirchengemeinde, in der ich aufgewachsen bin, wurde mir beigebracht, dass Christen undichte Gefäße seien. Wie ein Eimer voller Löcher müssten wir ständig »aufgefüllt« werden, und nach Erfahrung der meisten Gläubigen scheint dies auch zu stimmen. Gott berührt unser Leben und wir geraten darüber in Begeisterung, aber schon nach kurzer Zeit sind wir wieder genauso leer und bedürftig wie zuvor und sehnen uns nach etwas Besonderem von Gott.

Dies wurde mir durch eine Frau, die mich hatte lehren hören, deutlich vor Augen geführt. Sie sagte mir, sie habe die Liebe des Herrn zu ihr stärker als je zuvor erlebt. Sie war geradezu überwältigt von der bedingungslosen Liebe Gottes zu ihr. Aber dann fügte sie hinzu: »Ich weiß, dass das nicht lange anhalten wird. Das tut es nie. In einem Monat oder so werde ich wieder da sein, wo ich vorher war – aber ich genieße den Moment!«

Das ist zwar die Erfahrung der meisten Gläubigen, aber es entspricht nicht dem, was der Herr gelehrt hat. Er sagte uns, dass wir uns »von Herrlichkeit zu Herrlichkeit« bewegen sollten (2Kor 3,18), nicht von Abgrund zu Abgrund. Wir sollten uns nicht ständig durchkämpfen müssen, denn Gottes Wort verspricht:

> *Jedes Tal soll erhöht und jeder Berg und Hügel erniedrigt werden; was uneben ist, soll gerade werden, und was hügelig ist, zur Ebene! — Jesaja 40,4*

Angesichts dieser Tatsache sollten wir in unserem Christenleben eine gewisse Beständigkeit erfahren. Wir müssen in unserer Beziehung mit Gott keine »Jo-Jo-Erfahrung« machen.

Seit der Herr mir am 23. März 1968 seine Liebe offenbart hat, ist das Glücksgefühl und die Begeisterung über ihn nicht mehr von mir gewichen. Ich habe zweifellos viel Widerstand erlebt und mir sind auch viele schlimme Dinge widerfahren, aber das hat mir nie geraubt, was Gott gesagt hat. Satan hat sicherlich alle Register gezogen, um mich aus der Bahn zu werfen, aber ich habe nie die Freude darüber verloren, was der Herr in meinem Herzen bewirkt hat. Tatsächlich ist diese Freude heute sogar stärker als zu dem Zeitpunkt im Jahr 1968, als ich diese Erfahrung zum ersten Mal machte. Meine Offenbarung über Gottes Liebe und die damit verbundenen Erfahrungen sind heute sogar noch intensiver als damals, als ich diese überwältigende, lebensverändernde Begegnung mit ihm hatte.

Obwohl dies nicht dem entspricht, was die Mehrheit der Gläubigen erlebt, kann es dennoch zu deiner Erfahrung werden. Auch du kannst in deinem Leben als Christ Beständigkeit und Stabilität genießen.

Wer ist die Variable?

Römer 11,29 offenbart uns:

Gottes Gnadengaben und Berufung können ihn nicht reuen.

Der Herr ist also nicht derjenige, der in deinem Leben kommt und geht. Es gibt Zeiten, in denen du seine Gegenwart, seine Salbung, seine Freude und andere von ihm kommende Wohltaten stärker wahrnimmst als sonst, aber der Grund ist nicht Gott, der dir etwas gibt und sich dann wieder von dir zurückzieht. Dessen sind sich nur die Wenigsten wirklich bewusst.

Die meisten Christen bestürmen den Himmel und rufen: »O Gott, was ist bloß los? Bitte berühre mein Leben ganz neu. Ich will eine frische Berührung von dir. Herr, bitte komm und tu heute etwas Neues in meinem Leben!«

Wenn du auf diese Weise betest, beleidigst du Gott damit. Du gehst davon aus, dass Gott derjenige ist, der sich von dir zurückgezogen hat, wenn du dich leer und ausgetrocknet fühlst, wenn du deinen Frieden, deine Freude oder was auch immer verlierst. Doch das stimmt nicht!

Sobald du wiedergeboren bist, wird sich Gottes Einstellung und Verhalten dir gegenüber nicht mehr ändern – niemals. Er lässt immer seine Gegenwart, seinen Segen, seine Salbung, seine Freude, seine Heilung, seinen Wohlstand und alles, was ihn ausmacht, großzügig in dein Leben fließen. Der Herr ändert sich nie, du jedoch schon. Das musst du begreifen, wenn wir uns jetzt damit befassen, wie man von Gott erfüllt bleiben kann.

Nach heute gängiger Lehre liegt der Grund, weshalb man Gottes Liebe, Frieden, Freude usw. nicht erfährt, darin, dass man etwas getan hat, das Gott missfällt. Folglich geht es hauptsächlich darum, was du tun kannst, um Gott zu »gefallen« und seine Kraft in deinem Leben wieder zum Fließen zu bringen. Doch damit lägest du absolut falsch, denn der Herr hat sich zu keiner Zeit von dir zurückgezogen.

Gott ist nicht die Variable – du bist es. Daher dreht sich alles, was ich hier mitteilen werde, darum, wie du dich selbst korrigieren kannst. Dies wird keine Lektion darüber, wie man die Tore des Himmels stürmt und Gott »dazu bringt«, etwas zu tun. Er hat bereits alles durch den Tod, die Grablegung und die Auferstehung unseres Herrn Jesus Christus getan. Gottes Wunsch, dich zu segnen, ist viel größer als deiner, gesegnet zu werden!

So erfüllt, wie du sein möchtest

In diesem Moment bist du so erfüllt von Gott, wie es dein Glaube zulässt. Gott bestimmt nicht, inwieweit du von Liebe, Freude und Frieden erfüllt bist. Das entscheidest du. Gott ist immer bereit, jeden einzelnen Menschen zu heilen, zu befreien und gedeihen zu lassen. In deinem Leben mangelt es nie am Wirken des Herrn – doch das nützt dir nur, wenn du auch empfängst. Deshalb möchte ich dir Anregungen geben, wie du empfangen kannst.

Ganz gleich, wo du dich aufhältst, bist du stets von Fernsehsignalen umgeben. Vielleicht kannst du sie nicht wahrnehmen, dennoch sind sie da. Wenn du ein Fernsehgerät ans Stromnetz anschließt, es einschaltest und richtig einstellst, kannst du diese Signale wahrnehmen. Doch die Übertragung beginnt nicht erst in dem Moment, in dem du das Bild sehen und den Ton hören kannst. Dies ist lediglich der Zeitpunkt, ab dem der Empfang für dich beginnt.

So verhält es sich auch mit dem Herrn. Gott heilt jeden Menschen, der jemals geheilt werden muss. Er schenkt dir ständig Liebe, Freude und Frieden. Die Sendeanlagen des Himmels strahlen jeden Tag rund um die Uhr ihr »Programm« aus. Gott hört niemals auf, dich zu segnen. Doch wenn du deinen Empfänger abgeschaltet oder nicht auf die richtige Frequenz eingestellt hast, kannst du seine »Signale« nicht empfangen.

Ich halte Erweckung für eine großartige Sache, aber die Art und Weise, wie sie von den meisten angestrebt wird, entspricht nicht dem, wie sie tatsächlich zustande kommt. Zu beten: »O Gott, schick Erweckung!«, und dabei zu glauben, dass es von ihm abhängt, in welchem Ausmaß wir sie erleben, ist falsch. Es liegt nicht an Gott, dass es bei uns nicht zu einer stärkeren Ausgießung seiner Kraft und seines Geistes kommt. Er hat seit dem Pfingstereignis nicht aufgehört, den Heiligen Geist auf die Gläubigen auszugießen. Wir sind nur keine besonders guten Empfänger. Wir sind es, die Gottes Kraft und Segen in unserem Leben behindern. Der Herr will eine mächtige weltweite Erweckung. Er möchte, dass jeder errettet wird. Da wir jedoch nicht eingeschaltet und auf ihn eingestellt sind, empfangen wir nicht so, wie wir es sollten.

Bring deinen Empfänger in Ordnung

»O Gott, repariere deinen Sender! O Herr, warum schickst du keine Erweckung? Was ist los mit dir? Kümmert es dich nicht? Wenn wir Tausende von Menschen dazu bringen, mit uns zu fasten und zu beten, können wir dich vielleicht dazu überreden, etwas zu tun.« Welch eine gottwidrige Einstellung!

»Der Herr ist sehr erbost über unser Land. Gerade jetzt sitzt er oben im Himmel mit verschränkten Armen und gerunzelter Stirn und sagt: ›Ich werde nichts mehr für euch tun, bis ihr bereut und noch ein wenig länger im Staub kriecht.‹« Falsch! Menschen, die so etwas sagen, glauben nicht wirklich daran, dass Gott gut ist.

Wegen der Dinge, die ich hier erzähle, würde ich aus vielen Kirchen hinausgeworfen werden. Um Erweckung zu betteln und Gott um sein Handeln anzuflehen, ist in der heutigen Christenheit eine gängige Haltung und Praxis. Umso wichtiger ist es zu wissen, dass Gott nicht derjenige ist, der etwas zurückhält. Er sendet uns alles, was Jesus Christus uns durch seinen Tod, seine Grablegung und seine Auferstehung zur Verfügung gestellt hat.

Wenn du heute nicht von Gott erfüllt bist, dann hast du das selbst so entschieden. Auch wenn du vielleicht ein starkes Verlangen danach hast, stets von Gott erfüllt zu sein, hast du dennoch Entscheidungen getroffen, die dich daran hindern, von ihm Liebe, Freude, Frieden, Heilung, Wohlstand und andere Segnungen zu empfangen und in deinem Leben sichtbar werden zu lassen. Es gibt jedoch eine gute Nachricht.

Gottes Wort zeigt uns vier Dinge, die wir tun können, um unseren Empfänger in Ordnung zu bringen. Das ist der Grund, warum ich dieses Buch geschrieben habe.

KAPITEL 1

Intuitive Offenbarung

Denn ich schäme mich des Evangeliums von Christus nicht; denn es ist Gottes Kraft zur Errettung für jeden, der glaubt, zuerst für den Juden, dann auch für den Griechen; denn es wird darin geoffenbart die Gerechtigkeit Gottes aus Glauben zum Glauben, wie geschrieben steht: »Der Gerechte wird aus Glauben leben«. — Römer 1,16–17

Das Wort »Evangelium« ist ein ganz besonderer Begriff. Es gibt vor und außerhalb der Bibel nur zwei bekannte Beispiele in der griechischen Literatur für die Verwendung des zugrundeliegenden griechischen Wortes *euangélion*.[1] Das liegt daran, dass dieses Wort etwas nicht Überbietbares beschreibt. Es steht nicht für eine bloß gute Nachricht, sondern für eine, die so großartig ist, dass sie fast nicht wahr sein kann – eine durch und durch »frohe Botschaft«.[2] Da es bis zum Kommen Jesu tatsächlich nichts gab, was zu gut gewesen wäre, um wahr zu sein, wurde dieser Ausdruck kaum je verwendet.

Doch als Jesus kam, begann man die Dinge, die er predigte und unter Beweis stellte, als Evangelium zu bezeichnen: Gott verurteilt die Menschen nicht. Er ist nicht einmal mehr zornig. So erbarmte sich der Herr zum Beispiel der beim Ehebruch ertappten Frau (Joh 8,3–11). Die Botschaft Christi und seine Art, Menschen bedingungslos zu lieben, waren so großartig, dass beides fast nicht wahr sein konnte.

Die Juden zur Zeit Jesu waren sehr religiös. Sie waren in einem werkegebundenen, leistungsorientierten, legalistischen und verurteilenden religiösen System aufgewachsen. Daher verfolgten sie jeden, der das wahre Evangelium verkündete. Und weshalb? Weil das Evangelium – Rettung aus Gnade durch den Glauben an den Herrn Jesus Christus – einfach zu schön schien, um wahr zu sein.

Als Paulus also sagte, dass das Evangelium – diese Botschaft von der bedingungslosen Liebe des Herrn, die zu gut schien, um wahr zu sein – die Kraft Gottes sei, die das Leben der Menschen verändere, war die unmittelbare Reaktion der religiösen Leute: »Nun, was ist dann mit Gottes Zorn? Man muss die Menschen doch wissen lassen, dass es eine Hölle gibt, dass Gott gerecht ist und er Leute dorthin schicken wird. Man muss die Menschen mithilfe von Angst aus der Hölle heraushalten.« Das war das religiöse Konzept der damaligen Zeit.

Die Güte Gottes

Die Hölle ist ein realer Ort, und ich erzähle den Leuten auch davon. Diejenigen, die nicht an den Herrn Jesus Christus glauben, werden aufgrund ihrer eigenen Entscheidung an diesem Ort landen. Dies ist jedoch nicht die Kernbotschaft des Christentums. Es ist eine Wahrheit, aber eben keine gute Nachricht, und es ist definitiv nicht das Evangelium.

Gottes Güte – nicht die Angst vor der Hölle – ist es, was die Menschen zur Umkehr bewegt (Röm 2,4). Doch sehr lange Zeit lautete die Botschaft eines Großteils der westlichen Kirche: »Glaube an Jesus, damit du nicht in die Hölle kommst.« Das ist die falsche Botschaft. Es ist eine wahre Botschaft, aber es ist nicht das Evangelium. Die gute Nachricht, die wirklich Gottes Kraft freisetzt und

Menschen in Scharen zu ihm zieht, ist das Evangelium: Gott ist gut und er liebt dich. Durch das Versöhnungswerk Christi wurde alles, was du für ein Leben in der Fülle brauchst – sowohl zukünftig im Himmel als auch hier und jetzt auf der Erde –, schon bereitgestellt. Du musst nichts weiter tun, als zu glauben und zu empfangen. Das ist die Botschaft, die wir predigen sollten.

Eine eingehende Betrachtung des Evangeliums, wie es im Römerbrief offenbart wird, findest du in meiner Lehrbotschaft und dem gleichnamigen Buch mit dem Titel *Gnade, die Kraft des Evangeliums.*

Das Navigationssystem

»Aber Andrew, was ist mit dem Zorn Gottes?« Paulus spricht diesen Punkt in Römer 1,18–20 an.

> *Denn es wird geoffenbart Gottes Zorn … — Römer 1,18*

Man könnte auch sagen: »Denn Gottes Zorn ist schon offenbart.« Mit anderen Worten, man braucht den Zorn Gottes aus dem Grund nicht zu predigen, weil die Menschen in ihrem Herzen bereits wissen, dass sie mit Gott nicht im Reinen sind. Deshalb haben sie Angst vor dem Tod. Tief im Inneren wissen sie, dass ihre Ewigkeit auf dem Spiel steht, und sie sind sich nicht sicher, wie es um ihr Verhältnis zu Gott bestellt ist.

> *Denn es wird geoffenbart Gottes Zorn vom Himmel her über alle Gottlosigkeit und Ungerechtigkeit der Menschen, welche die Wahrheit durch Ungerechtigkeit aufhalten, weil das von Gott Erkennbare unter ihnen offenbar ist, da Gott es ihnen offenbar gemacht hat (Vergangenheitsform). — Römer 1,18–19*

Das bedeutet, der Schöpfer hat seine Schöpfung mit einem Navigationssystem ausgestattet, das eine feste Zieladresse hat. Es besteht eine intuitive Offenbarung der Existenz Gottes im Inneren eines jeden menschlichen Wesens, das jemals auf dieser Erde gelebt hat oder leben wird. Manche mögen einwenden: »O nein, das stimmt nicht. Ich glaube nicht an die Existenz eines Gottes. Ich spüre ihn nicht. Ich empfinde keine Überführung, habe kein Bewusstsein von Gott. Er hat mich nie berührt. Ich bin völlig gottlos.« Wer das sagt, der lügt nach Strich und Faden! Woher ich das weiß? Ich glaube dem Wort Gottes mehr als dem, was Menschen sagen.

Während meines Dienstes als US-Soldat in Vietnam sagten mir einige meiner Kameraden: »Ich bin Atheist. Ich glaube nicht an Gott.« Doch sobald die Bomben fielen und die ersten Gewehrkugeln flogen, schrien diese »Atheisten« aus voller Kehle zu dem Gott, an den sie nicht glaubten, und flehten ihn um Gnade an.

Die Wahrheit ist, dass jeder Mensch, der je einen Atemzug getan hat, eine Offenbarung von der Existenz Gottes hat.

Keine Entschuldigung

In Römer 1,20 (NLB) heißt es weiter:

> *Seit Erschaffung der Welt haben die Menschen die Erde und den Himmel und alles gesehen, was Gott erschaffen hat, und können daran ihn, den unsichtbaren Gott, in seiner ewigen Macht und seinem göttlichen Wesen klar [nicht undeutlich oder vage, sondern klar] erkennen. Deshalb haben sie keine Entschuldigung dafür, von Gott nichts gewusst zu haben.*

Niemand wird je vor Gott stehen und behaupten können: »Ich habe nichts gehört. Ich hatte keine Ahnung, dass es dich gibt!« Selbst wenn sie niemals der Botschaft eines Predigers gelauscht haben sollten, so hatten diese Menschen doch dieses innere Zeugnis, und sie werden entsprechend ihrer Offenbarung Rechenschaft ablegen müssen. Dies gilt für jeden einzelnen Menschen.

Wenn Atheisten zu mir sagen: »Ich glaube nicht an Gott«, dann spreche ich mit ihnen, als täten sie es. Sie sagen dann: »Ich habe Ihnen doch gesagt, dass ich nicht an Gott glaube«, und ich antworte: »Ich weiß, was Sie gesagt haben, aber es ist nicht wahr. Sie lügen.« Ich habe schon mit vielen Menschen so geredet, die behaupteten, nicht an Gott zu glauben. Irgendwann im Laufe des Gesprächs berühre ich dann diesen kleinen Teil in ihnen, der bereits von Gott wusste. Dann – ganz plötzlich – öffnen sie sich und geben es zu.

Psalm 46,11 sagt uns:

»Seid still und erkennt, dass ich Gott bin.«

Wenn du still bist, kannst du das Navigationssignal hören. Wenn du mit nichts anderem beschäftigt bist, wird dieses Signal beginnen, dich zu Gott zu leiten. Das ist der Grund, warum unerlöste Menschen es nicht mögen, still zu sein. Sie nennen es »Langeweile« oder »Einsamkeit«, um nur zwei Beispiele zu nennen. Obwohl sie viele verschiedene Begriffe verwenden, um dieses Phänomen zu beschreiben, ist es dennoch stets dieses Navigationsgerät in ihrem Herzen, das zu ihnen spricht.

Was sagt es ihnen? »Du weißt, dass das nicht richtig ist. Du solltest nicht auf diese Weise leben. Es muss mehr im Leben geben als das hier.« Es führt sie zu Fragen wie: *Woher komme ich? Wohin gehe ich? Wer hat mich erschaffen?* Um solche Gedanken zu übertönen und auszublenden, müssen die Menschen ihre Sinne mit allerlei

Unterhaltung und Ablenkung überfluten. Sie müssen sich ständig mit irgendetwas beschäftigen, sonst wird ihr Navi zu ihnen sprechen und ihnen sagen, dass ihr Leben in die falsche Richtung läuft.

Schrittweise Entwicklung

Jeder Mensch hat bereits eine Offenbarung von Gott. Man wird mit ihr geboren und sie begleitet einen das ganze Leben lang.

Im weiteren Verlauf von Römer 1, beginnend mit Vers 21, wird uns allerdings offenbart, wodurch wir dieses intuitive Wissen über Gott mit der Zeit so weit abschwächen können, bis es nicht mehr die Kraft hat, uns zu ihm zurückzuziehen. Wenn sich dein Herz über eine gewisse Zeit hinweg immer mehr verhärtet, kannst du tatsächlich einen Punkt erreichen, an dem du die Signale deines Navigationssystems – diese Offenbarung von Gott – nicht mehr zu hören vermagst.

Wahrscheinlich hast du den Herrn schon angenommen und willst dich auch gar nicht von der intuitiven Erkenntnis Gottes in deinem Herzen entfernen, sonst würdest du dieses Buch wohl nicht lesen. Allerdings ist das im Römerbrief beschriebene Prinzip auf alles anwendbar, was Gott in deinem Leben tut. Es wirkt nicht nur bei Ungläubigen in Bezug auf die Existenz Gottes, sondern auch bei Gläubigen. Bevor du die positive Wirkung dessen verlierst, was der Herr in deinem Leben getan hat – egal, in welchem Bereich –, musst du zuerst vier bestimmte Schritte durchlaufen.

Römer 1,21 zeigt uns auf, welche vier Schritte uns von Gott wegführen. Die gleichen Schritte, nur anders vollzogen, können uns aber auch zu Gott *hinführen*. Nehmen wir zum Beispiel die Freude am Herrn. Vielleicht ist sie in deinem Leben heute nicht mehr so stark wie früher. Wenn du Gottes Liebe zu irgendeinem Zeitpunkt erfahren hast, sie heute aber nicht mehr so erlebst wie früher, heißt das, du hast dich von ihm entfernt. Doch auf demselben Weg, auf dem du dich von ihm entfernt hast, findest du auch wieder zu ihm zurück.

Nehmen wir einmal an, du hast eine Offenbarung über Heilung empfangen. Vielleicht wurdest du geheilt, aber jetzt scheint es, als hättest du diese Heilung verloren und wärst wieder dort, wo du vorher warst. Gott hat nicht aufgehört, seine Heilungskraft zu übermitteln – du hast nur aufgehört, sie zu empfangen. Du hast mindestens eines der vier Dinge getan, die in Römer 1,21 aufgeführt sind.

Die vier Schlüssel

Wir könnten auch noch weiter zu Vers 22 und bis zum Ende des ersten Kapitels gehen, wo sich viele weitere wichtige Wahrheiten verbergen. Wir werden uns bei der zu behandelnden Frage, wie man von Gott erfüllt bleibt, jedoch auf die in Vers 21 offenbarten vier Schlüssel beschränken.

> *Denn obgleich sie Gott erkannten, (1.) haben sie ihn doch nicht als Gott geehrt und (2.) ihm nicht gedankt, sondern (3.) sind in ihren Gedanken in nichtigen Wahn verfallen, und (4.) ihr unverständiges Herz wurde verfinstert. — Römer 1,21*

Dieser Vers zeigt uns eine negative Entwicklung:

1. Sie haben ihn nicht als Gott geehrt
2. Sie waren auch nicht dankbar
3. Sie sind in ihren Gedanken dem Nichtigen verfallen
4. Ihr unverständiges Herz wurde verfinstert

Doch die gleichen vier Schritte können, anders genutzt, auch zu vier Schlüsseln werden, die zu einem positiven Ergebnis führen:

1. Ehre Gott
2. Sei dankbar
3. Erkenne die Macht deiner Vorstellungskraft
4. Habe ein verständiges Herz

Je nachdem, inwieweit du diese vier Punkte in deinem Alltag auslebst, entscheidest *du* darüber, ob du von Gott erfüllt bleibst – oder nicht.

KAPITEL 2

Der richtige Stellenwert

Wenn Gott dein Leben berührt, kommt Satan sofort, um dir das Empfangene zu stehlen (Mk 4,15). Er will nicht, dass du behältst, was der Herr dir gegeben hat – zum Beispiel eine Offenbarung, einen Segen oder eine Heilung. Der Feind will erreichen, dass du aufhörst, Gott als solchen zu verherrlichen. Wenn du aufhörst, Gott zu verherrlichen – und auch nicht länger wertschätzt, was er in deinem Leben getan hat –, wirst du die Offenbarung, den Segen, die Heilung oder was auch immer sich manifestiert hat, verlieren. Es wird dir so vorkommen, als schwänden deine Freude und dein Frieden mit der Zeit. Wenn du jedoch nicht aufhörst, Gott und das, was er in deinem Leben getan hat, dankbar zu schätzen, wirst du diese Sache nie verlieren – sie wird sogar noch zunehmen.

Was genau bedeutet es, Gott zu »verherrlichen«?

Als ich das erste Mal auf dieses Wort stieß, schlug ich es in Strong's Concordance nach. Das griechische Wort, das in Römer 1,21 mit *verherrlichen* übersetzt wird, bedeutet »etwas herrlich machen oder als herrlich schätzen«.[3] Das hat mir nicht weitergeholfen.

Also schlug ich im Wörterbuch noch diese als Erklärung aufgeführten Begriffe nach. Als ich die Definition von *schätzen* sah, nämlich »wertschätzen, hochschätzen oder verehren«,[4] öffnete Gott mir die Augen für die dahinterstehende Wahrheit

Du bestimmst den Stellenwert einer Sache

Wenn Gott etwas in deinem Leben tut, empfindest du das als wertvoll. Doch dann tritt sofort Satan auf den Plan und versucht, deine Aufmerksamkeit woandershin zu lenken. Er versucht, dir den Wert und die Bedeutung, die du den Dingen Gottes beimisst, zu nehmen. Das geht jedem von uns so.

Das Gleiche wird mit den Inhalten dieses Buches geschehen. Manche Leute werden das Gelesene annehmen. Andere wiederum nicht. So oder so wird jeder dem hier Erfahrenen einen bestimmten Wert beimessen.

> *Als ihr das von uns verkündigte Wort Gottes empfangen habt, es nicht als Menschenwort aufgenommen habt, sondern als das, was es in Wahrheit ist, als Gottes Wort, das auch wirksam ist in euch, die ihr gläubig seid.*
> *— 1. Thessalonicher 2,13*

Einige Leser werden sagen: »Das ist Gott, der zu mir spricht.« Und andere werden zu dem Schluss kommen: »Das ist bloß Andrew, der da redet.« Auch du wirst das eine oder das andere tun und diesen Wahrheiten einen entsprechenden Wert beimessen. Er bestimmt, ob diese Wahrheiten eine Wirkung auf dein Leben haben werden – oder auch nicht.

Du gibst allem, was in dein Leben kommt, einen bestimmten Stellenwert. Wenn du Gott, seinem Wort und dem, was er in deinem Leben tut und sichtbar werden lässt, Wertschätzung entgegenbringst, wird der Teufel sofort versuchen, diese Wertschätzung zu torpedieren.

Du hast die Wahl

Nehmen wir an, der Herr spricht zu dir und offenbart dir seine bedingungslose Liebe. Du erlebst und spürst diese Liebe und sagst: »Gott liebt mich! Der allmächtige Gott liebt mich!« Du empfängst den Frieden, die Freude und andere Wohltaten, die mit dieser Offenbarung und dem damit verbundenen Erlebnis einhergehen. Doch am Tag darauf wird der Teufel jemanden an deinem Arbeitsplatz dazu anstiften, zu dir zu kommen und dich niederzumachen. Derjenige wird dir sagen, was für eine absolute Null du seist, er wird deine Leistung kritisieren oder irgendetwas anderes tun, von dem der Teufel weiß, dass es dir zusetzt. Weißt du, was in dem Moment passiert? Der Feind versucht, den Stellenwert, den du Gott und seiner Liebe beimisst, zu verringern.

Du gehst zum Beispiel in den Gottesdienst und bist total gesegnet und glücklich. Dann kommst du nach Hause und irgendwer macht dir gleich richtig Stress. Satan versucht, dir deine Freude zu rauben. Auf der einen Seite steht das, was Gott über dich sagt, und auf der anderen das genaue Gegenteil. Jetzt geht es darum, welcher Sache du den größeren Stellenwert einräumst – dem, was Gott sagt, oder dem, was andere sagen. Es funktioniert wie eine Wippe, bei der das eine Ende oben ist, wenn das andere unten ist; es können nicht beide Enden der Wippe gleichzeitig oben sein. Lässt du dir deine Freude rauben oder bleibst du auf Gott fokussiert und sagst dir: »Gott liebt mich. Er liebt mich nicht nur, er mag mich auch richtig gern. Er ist zufrieden mit mir. Ich bin erfüllt von unaussprechlicher, herrlicher Freude!«

Wirst du, wenn Kritik und Widerstand kommen, an dem festhalten, was Gott gesagt und getan hat? Oder wird dir die Anerkennung durch diese Kritiker so wichtig sein, dass ihre Meinung einen höheren Stellenwert bekommt als das, was Gott zu sagen hat? Wenn du zulässt, dass ihr Wort an Macht gewinnt, wird der Wert, den du Gottes Wort und seinem Werk in deinem Leben beimisst, abnehmen. Die wirst die Freude, den Frieden und den Sieg, die Ausdruck deiner Offenbarung waren, allmählich verlieren. Aber nicht etwa, weil Gott aufgehört hätte, dich mit all dem zu versorgen, sondern weil du aufgehört hast, es zu empfangen. Du hast zugelassen, dass etwas anderes den Platz in deinem Leben einnimmt, der Gott vorbehalten war.

Du bestimmst, welchen Stellenwert eine Sache für dich hat. Niemand sonst kann das. Niemand kann dir vorschreiben, welchen Wert du Dingen in deinem Leben beimisst. Es ist allein deine Entscheidung.

Eine Liebe außer Konkurrenz

Nehmen wir einmal an, dein Ehepartner, dein Kind oder dein Chef hat etwas zu dir gesagt, das dich aus der Fassung bringt. Es regt dich so richtig auf. Würden sie jedoch genau dieselben Worte zu mir sagen, hätte das eine völlig andere Wirkung. Wieso? Weil ihre Meinung für mich nicht den gleichen Stellenwert wie für dich hat.

»Aber sollte ich die Meinung meines Ehepartners, meines Kindes oder meines Chefs nicht schätzen?« Ja, selbstverständlich sollten dir diese Menschen und deren Meinung wichtig sein, und natürlich auch wichtiger als mir – aber das muss im richtigen Verhältnis stehen. Der Herr sagte:

> *»Wer mir nachfolgen will, muss mich mehr lieben als Vater und Mutter, Frau und Kinder, Brüder und Schwestern – ja, mehr als sein Leben. Sonst kann er nicht mein Jünger sein.«*
> *— Lukas 14,26* NLB

»Wer Vater oder Mutter mehr liebt als mich, der ist meiner nicht wert; und wer Sohn oder Tochter mehr liebt als mich, der ist meiner nicht wert.« — Matthäus 10,37

Selbst die Liebe zu deiner engsten Familie sollte im Vergleich zu deiner Liebe für Jesus verblassen. Zwischen dem Stellenwert, den Gott bei dir hat, und dem, den andere bei dir haben, sollte ein merklicher Unterschied bestehen. Natürlich sollst du den Menschen, die eine wichtige Rolle in deinem Leben spielen, Wertschätzung entgegenbringen. Doch verglichen mit Gott und dem, was er in deinem Leben getan hat, sollte Gott dir derart wichtig und wertvoll sein, dass nichts und niemand ihm jemals seinen Platz streitig machen kann. Allerdings verhält es sich bei den meisten Christen nicht so.

Verherrlichst du die Dinge Gottes mehr als die Dinge dieser Welt? Oder ist der Unterschied so gering, dass ich eine Lupe bräuchte, um festzustellen, was du wirklich am meisten schätzt? Es sollte eigentlich offensichtlich sein. Verglichen mit der Wertschätzung, die du Gott entgegenbringst, sollte dir alles andere weniger wichtig sein.

Wichtiger als dein Ehepartner

Tatsächlich sind wir mittlerweile von allem und jedem abhängig, außer von Gott. Wenn dein Partner dich verließe, würdest du dich dann in ein Häufchen Elend verwandeln? Ich teile die Ansicht, dass es Gottes Bestem entspricht, wenn deine Ehe geheilt und wiederhergestellt wird. Natürlich möchte der Herr in diesem Bereich deines Lebens etwas bewegen. Aber was ist, wenn dein Ehepartner nicht mitmacht? Du musst eine klare Haltung einnehmen und sagen: »Gott, du bist so viel wichtiger als mein Ehepartner. Wenn es nicht klappt und unsere Wege sich trennen, werde ich nicht ins Stolpern geraten. Ich werde dich weiterhin von ganzem Herzen preisen, lieben und dir dienen – auch wenn mich alle verlassen. Du bist großartig!«

Als Mose nach Ägypten zog, bedeutete das für ihn und seine Frau eine lange Zeit der Trennung. Trotzdem machte er sich zusammen mit Aaron auf den Weg und hielt an Gottes Plan fest. Die Plagen wurden losgelassen, die Kinder Israels wurden befreit, und das Rote Meer teilte sich. All dies geschah, während er von seiner Frau und seinen Kindern getrennt war (2Mo 18,2).

Manche denken jetzt vielleicht: »Nun ja, Bruder, ich glaube schon, dass man Gott lieben und wertschätzen soll. Aber man kann ihn doch nicht preisen, während man von Ehepartner und Kindern getrennt ist oder womöglich gerade eine Scheidung durchmacht.« Natürlich kann man das.

Ein Partner meines Dienstes lud mich früher jedes Jahr in sein Unternehmen in Charlotte, North Carolina, ein. Er sagte zu seinen Mitarbeitern: »Die Zeit ab jetzt wird euch als Arbeitszeit entlohnt. Hört diesem Mann so lange zu, wie er reden will.« Dann erzählte ich ihnen einfach von der Güte Gottes. Das habe ich viele Jahre lang so gemacht.

Einmal stand ich noch im Pausenraum, nachdem ich gesprochen hatte, und eine Frau aus der Belegschaft kam auf mich zu, um mit mir zu reden. Sie war Alkoholikerin und hatte versucht, sich das Leben zu nehmen. Sie hatte sich die Pulsadern aufgeschnitten und war daraufhin im Krankenhaus gelandet. Sie machte gerade eine Scheidung durch und ihre finanzielle Lage war sehr angespannt. Alles in ihrem Leben war deprimierend und entmutigend.

»Wen kümmert's?«

Sie sagte zu mir: »Andrew, ich bin nicht christlich, so wie Sie und Chip (mein Freund, der Geschäftsinhaber), aber ich weiß, dass Gebet wirkt. Ich möchte Gebet für meine Ehe.« Dann brach sie zusammen und begann zu weinen. Sie erzählte mir, dass es ihre dritte – oder vielleicht auch vierte – Ehe sei und dass ihr Mann die Scheidung eingereicht habe. Wenn sie wieder geschieden würde, wüsste sie nicht, ob sie das überstehen könnte. Deshalb bat sie mich, für ihre Ehe zu beten.

Ich unterbrach sie und fragte: »Ich möchte mich nur vergewissern, dass ich Sie richtig verstanden habe. Sie sind keine Christin und das wissen Sie auch.«

»Das ist richtig.«

»Wenn Sie jetzt sterben würden, kämen Sie direkt in die Hölle.«

»Das ist korrekt.«

»Und Sie wollen, dass ich für Ihre Ehe bete und nicht für Ihre Errettung?«

»Ja.«

Ich sagte: »Gute Frau, ist Ihnen klar, dass es Ihnen, wenn Sie tausend Jahre in der Hölle geschmort haben, piepegal sein wird, ob Sie jemals verheiratet waren oder nicht? Wen kümmert Ihre Ehe – Sie müssen von neuem geboren werden!«

Sie antwortete: »Wissen Sie was? Sie haben recht!« Also betete ich mit ihr und sie erlebte die Wiedergeburt.

Ich will damit nicht sagen, dass Gott sich nicht für deine Ehe interessiert, aber du musst sie unter dem Aspekt ihres relativen Wertes betrachten. Im Vergleich zur Ewigkeit ist die Ehe nichts. Es dreht sich alles darum, welchen Wert wir den Dingen beimessen.

Jesus hat die Schande geringgeschätzt

Manche Menschen räumen ihrer Ehe, ihrer Karriere und der Anerkennung durch andere Menschen einen solch hohen Stellenwert ein, dass sie diese Dinge sogar höher schätzen als alles, was mit Gott zu tun hat. Wenn es bei dir so ist, musst du eine Entscheidung treffen und sagen: »Herr, es gibt nichts, was mich auch nur im Entferntesten dazu bringen könnte, dich und das, was du in meinem Leben getan hast, jemals geringer zu schätzen.« Dann solltest du Gott in den Mittelpunkt stellen, ihn verherrlichen und alles andere weniger wichtig nehmen.

> *Da wir nun eine solche Wolke von Zeugen um uns haben, so lasst uns jede Last ablegen und die Sünde, die uns so leicht umstrickt, und lasst uns mit Ausdauer laufen in dem Kampf, der vor uns liegt, indem wir hinschauen auf Jesus, den Anfänger und Vollender des Glaubens, der um der vor ihm liegenden Freude willen das Kreuz erduldete und dabei* ***die Schande für nichts achtete****, und der sich zur Rechten des Thrones Gottes gesetzt hat. — Hebräer 12,1–2*

Achte auf die Formulierung »für nichts achtete«. Das zugrundeliegende griechische Wort bedeutet wörtlich »geringschätzen«.[5] Es ist das genaue Gegenteil von »schätzen«, »verherrlichen«, »erhöhen«, »wertschätzen« und »hochschätzen«. Jesus hat die Schande *geringgeschätzt*, die mit dem, was er durchmachte, verbunden war.

Man kann nicht Gott und zugleich allem anderen die Ehre geben. Es ist wie mit der Wippe, über die wir gesprochen haben. Es können nicht beide Enden gleichzeitig oben sein. Wenn eine Sache einen hohen Stellenwert hat, muss alles andere einen niedrigeren haben. Jesus hat die Schande, die mit seiner Kreuzigung einherging, als unbedeutend angesehen. Er hat die Kosten, die für ihn damit verbunden waren, bewusst zu etwas Nebensächlichem gemacht.

Die wenigsten von uns denken so. Wenn du oder ich von Gott aufgefordert worden wären, die Kreuzigung zu erdulden, hätten wir wahrscheinlich sofort die Schande, den hohen Preis und die Schmerzen im Blick gehabt. Wir hätten unser eigenes Leben, unseren Frieden und unsere Sicherheit so sehr geschätzt, dass wir nicht in der Lage gewesen wären, das wertzuschätzen, wozu Gott uns berufen hat.

Doch Jesus hatte bereits sein eigenes Leben geringgeschätzt (Phil 2,5–8). Er betrachtete alles andere als wertlos im Vergleich zu dem, was Gott gesagt und getan hatte.

Dreck!

Paulus tat das Gleiche:

> *Aber was mir Gewinn war, das habe ich um des Christus willen für Schaden geachtet; ja, wahrlich, ich achte alles für Schaden gegenüber der alles übertreffenden Erkenntnis Christi Jesu, meines Herrn, um dessentwillen ich alles eingebüßt habe; und ich achte es für Dreck, damit ich Christus gewinne. — Philipper 3,7–8*

Du misst allem in deinem Leben einen bestimmten Wert bei. Du bist derjenige, der entscheidet, was für dich wichtig ist. Paulus sagte im Grunde: »Ich legte großen Wert darauf, Christus zu kennen, und schätzte alles andere gering, als wäre es Dreck.« Das ist eine starke Aussage.

Die meisten von uns Christen können so etwas nicht sagen – deshalb können wir auch nicht tun, was Paulus getan hat. Aus demselben Grund erfahren wir nicht die gleiche Freude wie er. Paulus schrieb den Brief an die Philipper, während er im Gefängnis saß. Und doch ist es sein freudigstes Schreiben. Er verwendet die Worte »Freude«, »freuen« und »froh« insgesamt siebzehn Mal in nur vier Kapiteln. Paulus pries Gott und tat seine Freude vom Gefängnis aus kund.

Wenn du heute Abend ins Gefängnis geworfen würdest, wärst du dann um Mitternacht immer noch dabei zu singen und den Herrn zu loben? Wahrscheinlich nicht. Dein Leben, deine Freiheit und deine Besitztümer sind dir einfach viel zu wichtig. Du legst eine Menge Wert auf Dinge, die eigentlich unwichtig sind. Dein Leben *ist* wichtig, aber im Vergleich zu Gott ist es nichts wert. Du musst den Wert deines Lebens in Relation setzen. Solange du das Zentrum deines Universums bist, wird es dich immer aus dem Konzept bringen, wenn nicht alles nach deiner Vorstellung läuft. Wenn du immer nur mit dir selbst beschäftigt bist, fehlt dir der Blick für die großen Dinge.

Für Gott bestimmt

Paulus hatte ein anderes Wertesystem. Tatsächlich kämpfte er mit sich, ob er hierbleiben oder in den Himmel gehen solle.

> *Denn für mich ist Christus das Leben, und das Sterben ein Gewinn. … Denn ich werde von beidem bedrängt: Mich verlangt danach, aufzubrechen und bei Christus zu sein, was auch viel besser wäre; aber es ist nötiger, im Fleisch zu bleiben um euretwillen. — Philipper 1,21.23–24*

Paulus war sein Leben hier nicht wichtig. Er selbst gab seinem Leben diesen Stellenwert.

Du bist derjenige, der den Dingen in deinem Leben ihren Stellenwert gibt. Ich weiß noch, wie ich einmal mit einem Freund zusammen eine Wanderung auf den Pikes Peak unternommen habe. Auf dem Weg fing er an, mir von einem gemeinsamen Freund zu erzählen, der einige sehr negative Dinge über uns beide gesagt hatte. Ich sagte ihm, ich wolle das nicht hören. Wir hatten das schon einmal besprochen, und ich wollte nicht hören, was dieser Mann noch alles an mir auszusetzen hatte. Mein Freund schwieg eine Weile und fragte dann: »Warum stört dich das, was er über dich sagt, nicht genauso sehr, wie mich seine Kritik an mir stört?« Ich antwortete: »Weil mir seine Meinung über mich nicht so wichtig ist wie dir seine Meinung über dich.« Es kommt immer auf den Wert an, den man den Dingen beimisst.

Der Grund, warum du die Offenbarung, den Segen und die positive Wirkung dessen, was Gott gesagt und getan hat, zu verlieren beginnst, liegt darin, dass du einer Menge anderer Dinge einen höheren Wert zugemessen hast als ihm. Diese anderen Dinge, die dir wichtig sind, verschlingen deine Zeit, Energie und Aufmerksamkeit. Das hat dazu geführt, dass das, was der Herr in deinem Leben getan hat, mit der Zeit immer mehr an Bedeutung verloren hat. Es liegt also nicht etwa daran, dass Gott seine Einstellung zu dir geändert hätte und dir nichts mehr zukommen lässt. Es liegt daran, dass du den wichtigsten Platz in deinem Leben, der eigentlich Gott allein zusteht, etwas anderem überlassen hast.

KAPITEL 3

»Gott liebt mich!«

Bei einem Gebetstreffen an einem Samstagabend offenbarte Gott mir seine Liebe auf übernatürliche Weise. Es war der 23. März 1968 und ich war achtzehn Jahre alt. Schlagartig erkannte ich, dass Gott mich innig liebt. Ich verstand, dass er sozusagen immer ein Bild von mir in seiner Brieftasche trägt und ein Porträtfoto von mir auf seinem Kaminsims stehen hat. Gottes bedingungslose Liebe war für mich nicht länger ein abstraktes Konzept – sie war real! In den nächsten viereinhalb Monaten erlebte ich im wahrsten Sinne des Wortes, wie die übernatürliche Liebe Gottes mein Leben verwandelte.

Ich war so begeistert, dass ich gleich am nächsten Morgen der versammelten Gemeinde meiner damaligen Kirche verkündete: »Gott liebt mich! Er liebt mich nicht nur aus der Ferne, sondern Gott liebt mich von Herzen. Er ist zufrieden mit mir und mag mich sogar!« Hätte ich stattdessen geflucht, wäre die Sache anschließend glimpflicher verlaufen. Selbst zu jemandem, der losgezogen wäre und Ehebruch begangen hätte, wären sie barmherziger gewesen. So einem hätte man wenigstens vergeben können. Aber sie fassten mein Zeugnis über Gottes innige Liebe zu mir so auf, als wolle ich mir irgendeine besondere Tugend zuschreiben. Da sie die Gnade nicht verstanden, glaubten sie, Gottes Liebe basiere auf Leistung. Für sie klang meine Aussage so, als hielte ich mich im Vergleich zu ihnen für etwas Besseres. Folglich hagelte es sofort Kritik.

Jemand kam auf mich zu und fragte: »Was glaubst du, wer du bist? Du hast gesagt, du bist vom Geist erfüllt.«

»Gott hat mich mit seinem Geist erfüllt. So hat es sich für mich angefühlt. In Epheser 5,18 sagt Paulus, dass wir mit dem Geist erfüllt werden sollen.«

»Schon, aber das war Paulus. Was glaubst du, wer du bist? Willst du damit sagen, dass du mit Paulus auf ein und derselben Stufe stehst?«

»Ich erzähle euch nur, was passiert ist.«

Satan benutzte diesen Theologieprofessor und all diese gebildeten Leute, die sich beruflich mit der Thematik beschäftigten, indem er sie Kritik üben ließ an mir. Er versuchte, mich – einen achtzehnjährigen Burschen – dazu zu bringen, die Meinung anderer Menschen höher zu achten als das, was Gott mir offenbart hatte.

»Mir ist egal, was ihr sagt«

Ich war von Gottes Liebe so überwältigt, dass ich nachts kaum noch schlief. Ich döste ein paar Minuten und wachte gleich wieder auf und dachte darüber nach, wie sehr Gott mich liebte. Dann las ich in der Bibel, bis ich wieder wegdöste. Viereinhalb Monate lang schlief ich nie länger als eine Stunde am Stück. Ich kann mich auch nicht daran erinnern, dass ich mich in dieser ganzen Zeit auch nur einmal zu einer richtigen Mahlzeit hingesetzt hätte. Wer kann schon essen oder schlafen, wenn er weiß, dass Gott ihn liebt? Ich war total begeistert!

Da war ich nun und schätzte die Tatsache, dass Gott mich liebte. Wenn eine andere Stimme gekommen wäre, hätte ich sie dann genauso wichtig genommen? Hätte ich angefangen, mehr auf das zu hören, was andere sagten, hätte das die Bedeutung dessen, was Gott sagte, und meine damit verbundene Wertschätzung und Ehrfurcht geschwächt, und ich hätte begonnen, diese Offenbarung zu verlieren. So weit kam es jedoch nicht, aber nicht deshalb, weil ich so stark gewesen wäre. Ich wusste ja nicht einmal, wie hungrig ich nach Gott war, bevor er mein Leben berührte. Doch als ich seine überwältigende Liebe und Annahme erst einmal erfahren hatte, wusste ich, dass mich nie wieder etwas mehr begeistern würde. Ich stellte Gott augenblicklich an oberste Stelle und achtete alles andere als geringer.

Als diese Leute – die ich respektierte und um deren Zustimmung und Anerkennung ich mich bemüht hatte – auf mir herumzuhacken begannen, wandte ich mich einfach ab. Ich sagte: »Hört zu, mir ist egal, was ihr sagt!« Für mich hatten die Dinge Gottes immer noch denselben hohen Stellenwert und ich schätzte sie kein bisschen weniger. Deshalb verlor Gottes übernatürliche, bedingungslose Liebe, die er mir entgegenbrachte, für mich auch nichts von ihrer Intensität.

Damals studierte ich im ersten Semester Mathematik, doch als ich mich Hals über Kopf in Gott verliebte, verlor ich jegliches Interesse an Mathe und am Studium. Tatsächlich kam ich an den Punkt, dass ich es hasste. Zweieinhalb Monate lang ging ich jeden Tag zum College, schaffte es aber nie in eine einzige Unterrichtsstunde. Auf dem Weg zum Raum traf ich immer auf irgendjemanden, mit dem ich über Gott zu reden anfing. Das war es, was ich gern tat – anderen erzählen, wie sehr Gott mich liebte und wie sehr er auch sie liebte. Ich wollte sie wissen lassen, dass Gott auch ihr Leben verändern könne. Bloß weil die Glocke zum Unterricht läutete, konnte ich doch nicht zulassen, dass die Person, mit der ich sprach, in die Hölle wanderte. Also redete ich einfach weiter und versäumte den Unterricht. Dann sprach ich mit jemand anderem, und die Glocke läutete zur nächsten Stunde. So lief es zweieinhalb Monate lang!

Nach einer Weile dachte ich: *Warum bezahle ich Geld für dieses Studium, wenn es mir nicht gefällt und ich es nie zum Unterricht schaffe?* Also habe ich darüber gebetet und der Herr sagte mir, dass ich aufhören solle. Das ist natürlich nicht für jeden das Richtige. Möglicherweise brauchst du eine bestimmte Ausbildung, um zu tun, wozu Gott dich beruft. Ich jedenfalls musste nicht Mathe studieren, um tun zu können, was ich heute tue.

Im richtigen Verhältnis

Richtig schlimm wurde es, als ich allen meine Entscheidung mitteilte. Das Studium abzubrechen bedeutete, dass ich auf 350 Dollar monatliche Waisenrente aus der Sozialversicherung meines verstorbenen Vaters verzichten musste. Solange ich am College blieb, war ich außerdem vom Wehrdienst freigestellt, und da wir uns auf dem Höhepunkt des Vietnamkriegs befanden, war der Abbruch des Studiums gleichbedeutend mit einem All-inclusive-Ticket nach Vietnam mit sofortigem Reiseantritt. Alle sagten mir immer wieder: »Das ist keine kluge Entscheidung. Du solltest das auf keinen Fall machen!«

Meine Mutter hat das Ganze nicht verstanden. Sie war nicht böse oder verärgert über mich, aber sie konnte nicht glauben, dass dies tatsächlich von Gott kam. (Mein Vater war gestorben, als ich zwölf Jahre alt gewesen war, daher hatten meine Mutter und ich eine besondere Verbindung zueinander – und das blieb so bis zu ihrem Heimgang.) Satan wollte mich dazu bringen, der Beziehung zu meiner Mutter einen höheren Stellenwert einzuräumen als Gott, aber für mich steht nichts in meinem Leben in Konkurrenz zu Gott. Meine Mutter ist nicht für mich gestorben. Sie ist nicht ins Totenreich hinabgestiegen und wiederauferstanden, um mir meine Sünden zu vergeben. Ich habe nie aufgehört, meine Mutter zu lieben, aber Gott liebe ich unendlich viel mehr.

»Aber Andrew, ich könnte nie einen solchen Unterschied machen. Ich liebe Gott und meine Mutter (Ehepartner, Kinder, Freunde) gleichermaßen.« Nein, so funktioniert das nicht. Deine Liebe zu Gott sollte so groß sein, dass deine Liebe zu deinen Eltern, deinem Ehepartner, deinen Kindern und deinen Freunden in Relation dazu verblasst (siehe Lk 14,26). Ich sage damit keinesfalls, dass du sie missachten sollst. Natürlich sollst du sie lieben, aber deine Liebe für den Herrn und deine Vertrautheit mit ihm sollten noch weitaus größer sein.

Wir bekommen Probleme, wenn es zwischen unserer Wertschätzung für Gott und unserer Wertschätzung für andere Dinge keinen Abstand gibt. Unsere Beziehungen, die Anerkennung durch andere und unser berufliches Vorankommen sind uns Menschen wichtig, und das ist auch in Ordnung, solange diese Dinge ihren angemessenen Platz haben. Aber was, wenn deine Liebe zu Gott, deine Verbundenheit mit ihm und dein Eintreten für seine Sache dich Beziehungen, Karriere oder Anerkennung kosten? Würdest du alles tun, was der Herr von dir verlangt, oder lägen diese Dinge und Gott auf deiner Wichtigkeitsskala zu dicht beieinander?

Für mich gibt es nichts, was auch nur annähernd so viel wert wäre wie Gott. Meine Frau weiß, dass ich den Herrn mehr liebe, als ich sie liebe. Genauso weiß ich, dass sie ihn mehr liebt, als sie mich liebt. Das wirkt sich nicht nachteilig auf unsere Beziehung aus, sondern ist ein Gewinn. Wenn Jamie mich nur abhängig davon geliebt hätte, wie ich sie behandelt habe, hätte sie mich schon vor langer Zeit verlassen.

Missverstanden

Ich habe meiner Frau schon viel zugemutet. Es war hart, die Frau eines Predigers zu sein und einige der Dinge zu erleben, die wir durchgemacht haben.

Ich hatte mal ein Treffen mit einem anderen Diener Gottes. Bevor er wiedergeboren wurde, hatte er seine Frau betrogen, war Alkoholiker gewesen, hatte Drogen genommen und einige Zeit in einer psychiatrischen Klinik verbracht. Was er durchgemacht hatte, war wirklich schrecklich, aber der Herr veränderte sein Leben und machte ihn zu einem völlig neuen Menschen. Nachdem er mir von seiner Vergangenheit erzählt hatte, bat er mich, mein Zeugnis zu geben. Also erzählte ich ihm von der Armut, der Not und dem Schmerz, die wir durchgemacht hatten. Ich erzählte, dass meine Frau – im achten Monat schwanger – zwei Wochen lang zum Fasten gezwungen gewesen war, weil wir weder Geld noch Lebensmittel hatten. Dieser Mann sprang auf und rief: »Du meine Güte, du warst ja noch gottloser als ich in meinen schlimmsten Phasen. Das ist das furchtbarste Zeugnis, das ich je gehört habe!« In vielerlei Hinsicht ist das wahr.

Hätte Jamie mich nur für das geliebt, was ich war, wäre sie nicht sehr lange mit mir verheiratet geblieben. Es ist ihre Hingabe an Gott, die ihre Liebe zu mir aufrechterhält, und es ist meine Hingabe an Gott, die meine Liebe zu ihr bewahrt. Gott zu lieben lenkt uns nicht von unserer Beziehung ab – es stärkt und verbessert sie vielmehr.

Die meisten Menschen sind von ihrer kleinen Welt, die sie sich geschaffen haben, vollkommen abhängig. Würde etwas passieren und es sähe so aus, als könnten sie ihre Ehe, ihre Kinder, ihren Wohlstand, ihr Zuhause, ihre Anerkennung, ihren Ruhm oder was auch immer verlieren, brächen sie emotional völlig zusammen.

Und wieso? Weil sie diesen Dingen enorm viel Wert und Bedeutung beimessen.

Als ich zum ersten Mal eine Offenbarung der Liebe Gottes empfing, konnte meine Mutter dieses Erlebnis nicht verstehen. Der Feind versuchte sogleich, mir vor Augen zu führen, was mich diese Erfahrung kostete. Ich hatte die Anerkennung der Leute in meiner Kirche verloren. Die Menschen, zu denen ich aufschaute, kritisierten mich und lehnten mich ab. Meine eigene Mutter sprach zwei Wochen lang nicht mit mir. Es war nicht so, dass sie mich nicht mehr geliebt hätte. Sie wusste einfach nicht, was sie sagen sollte.

Schließlich führte ich sie zum Essen aus und zwang sie damit gewissermaßen, mit mir zu reden. Mama brach in Tränen aus und sagte: »Ich schäme mich einfach so sehr für das, was du tust!« Was sie äußerte, war gewiss nicht positiv, sondern absolut negativ. Satan wollte erreichen, dass ich die Beziehung zu meiner Mutter über das stellte, was der Herr gesagt hatte. Aber dank Gottes Gnade habe ich immer fest daran geglaubt, dass die Beziehung zwischen meiner Mutter und mir wieder in Ordnung käme, und so war es dann auch. Die Dinge wendeten sich, nachdem der Herr ihr in einem Traum erschien. Sie hat einundzwanzig Jahre lang für mich und meinen Dienst gearbeitet, bis sie sich schließlich im Alter von achtundachtzig Jahren endgültig zur Ruhe setzte. Mama war ein echter Segen. Aber ob es nun funktioniert hätte oder nicht, hätte ich auf keinen Fall zugelassen, dass es meine Wertschätzung gegenüber dem beeinträchtigt, was Gott in meinem Leben getan hat.

In einem bestimmten Moment deines Lebens hat der Herr dich auf besondere Weise berührt. Und Satan hat sofort alles Mögliche unternommen, um dich dazu zu bringen, etwas anderes wichtiger zu nehmen als Gott. Er hat dieses Wort von Gott attackiert und versucht, dir dessen Wert zu rauben, damit du ein anderes Bild von deiner Identität bekommst als jenes, das Gott dir gezeigt hat.

Wenn du die Freude, den Frieden, die Heilung oder deine Offenbarung – alles Göttliche, was sich in deinem Leben bisher gezeigt hat –, verloren hast, liegt das daran, dass du an irgendeinem Punkt aufgehört hast, Gott zu verherrlichen.

Zum Wehrdienst eingezogen

Nachdem ich das College abgebrochen hatte, wurde ich sofort zur Musterung einberufen, um meine Wehrdiensttauglichkeit feststellen zu lassen. Volle Tauglichkeit war das Ergebnis der Untersuchung. Kurz darauf suchte mich ein Musterungsoffizier zu Hause auf. Er öffnete seine Aktentasche, holte einen Stapel Papiere heraus und erzählte mir von den Vorteilen des freiwilligen Militärdienstes gegenüber der Einberufung.

Ich sah ihn an und sagte: »Ich könnte uns beiden eine Menge Zeit ersparen.«

»Ach ja, und wie?«, sagte er.

»Nun, der Grund, warum ich zur Musterungsuntersuchung geschickt wurde, wo man mich als 1A eingestuft hat, war meine Entscheidung, die Schule abzubrechen.«

»Das ist richtig.«

»Gott hat mir gesagt, ich solle das Studium aufgeben.« Er grinste verächtlich. »Also ist es seine Verantwortung«, fuhr ich fort. »Wenn der Herr will, dass ich eingezogen werde, dann werde ich eingezogen, und wenn nicht, dann nicht.«

Daraufhin brach dieser Musterungsoffizier in Gelächter aus und sagte zu mir: »Junge, ich kann Ihnen garantieren, dass Sie nach Vietnam gehen werden.«

Das machte mich wütend. Für diesen Typen hatte Gott nicht den gleichen Stellenwert wie für mich. Er sagte gewissermaßen:

»Wer ist Gott schon im Vergleich zur Regierung der Vereinigten Staaten? Unsere Regierung hat mehr Macht als Gott. Er kann nicht verhindern, dass du eingezogen wirst.« Hätte ich diese Wertvorstellung akzeptiert, wäre mir gleich etwas von der Freude und dem Frieden verloren gegangen, die durch das, was Gott in meinem Leben getan hatte, entstanden waren.

Dieser Typ war um die dreißig Jahre alt und vertrat die Regierung der Vereinigten Staaten. Ich war nur ein neunzehnjähriger Bursche. Trotzdem stand ich auf, tippte ihm mit dem Finger auf die Brust und sagte: »Hören Sie zu, Kumpel. Wenn Gott will, dass ich eingezogen werde, dann werde ich eingezogen. Wenn er es nicht will, dann können weder Sie noch die Regierung der Vereinigten Staaten noch irgendein Dämon in der Hölle mich einberufen.« Er stand einfach auf, packte seine Sachen zusammen und ging zur Tür hinaus. Am nächsten Morgen hatte ich meinen Einberufungsbescheid. Ich wette, der Kerl hat ihn selbst bearbeitet und persönlich in meinen Briefkasten geworfen. Aber das war mir egal. Ich glaubte, dass das, was ich ihm gesagt hatte, wahr war.

Vielleicht sagst du jetzt: »Ich bin mir nicht sicher, Andrew, ob ich mich auch so entscheiden würde, wenn es zur Konsequenz hätte, dass ich in den Krieg ziehen muss.« Nun, mir war die Wahrheit, dass Gott mich liebt, so wichtig und wertvoll, dass ich bereit war, dafür zu sterben. Was es mich kosten könnte, spielte keine Rolle für mich. Es war mir egal. Ich wollte lieber sterben und bei Gott sein, als mein Leben getrennt von ihm zu verbringen. Nach Vietnam zu müssen, kümmerte mich kein bisschen. Deshalb kann ich wahrheitsgemäß sagen, dass ich seit 1968 nie die Freude darüber verloren habe, was Gott in meinem Leben getan hat. Mein schlimmster Tag seither war immer noch besser als jeder meiner besten davor. Gott ist gut!

Rückzugsort

Mir sind in meinem Leben schon schreckliche Dinge passiert, aber das waren nur kurze Momente. Jede Entmutigung oder Niedergeschlagenheit, die ich empfunden habe, hat nie länger als eine Stunde oder so gedauert. Seit 1968 gab es keinen einzigen Tag, an dem ich nicht Frieden und Freude gehabt hätte. Und warum? Weil ich die Tatsache, dass Gott mich liebt, für wertvoll halte und schätze.

In meiner Kindheit in Arlington, Texas, haben wir oft ein Spiel gespielt, das »Wolf und Schaf« hieß. Der »Wolf« musste die »Schafe« fangen und sie ins Gefängnis stecken. Während der Wolf weg war, konnten andere Schafe kommen und die Gefangenen befreien. Die Schafe hatten eine Art Rückzugsort. Oft wurde ein Baum dafür bestimmt. Immer wenn die Schafe sich dorthin zurückzogen und den Baum berührten, waren sie sicher. Der Wolf konnte ihnen nichts antun und musste verschwinden.

Gott ist mein Rückzugsort, mein Zuhause. Wenn etwas Schlimmes passiert, nehme ich bei ihm Zuflucht und sage: »Herr, du liebst mich. Vater, du schätzt mich. Du bist zufrieden mit mir.« Wenn ich darüber nachdenke, wie sehr Gott mich liebt, schwindet im Vergleich dazu jedes Problem, das ich habe, einfach dahin. Satan kann mir nichts anhaben, wenn ich Gott für seine Liebe meine Wertschätzung entgegenbringe.

Ich habe schon sehr viel Zeit damit verbracht, das, was Gott in meinem Leben getan hat, zu preisen, indem ich es wertschätze – indem ich diesen Dingen Wert und Bedeutung beimesse. Dadurch ist alles nur noch stärker und besser geworden.

Wenn du ein »undichtes Gefäß« bist, dann nur deshalb, weil du das, was Gott in deinem Leben getan hat, nicht über alles andere stellst. Du gibst anderen Dingen einen größeren oder zumindest ähnlichen Stellenwert wie dem Herrn und seiner Meinung über dich. Du musst jedoch an einen Punkt gelangen, an dem du ehrlich sagen kannst: »Gott, du bist mir wichtiger als alles und jeder andere. Nichts kann sich mit dir messen.« Verherrliche Gott ganz bewusst und achte alles andere als weniger wichtig.

Konzentriere dich auf die Freude

Jesus achtete nicht auf die Schande, die mit seiner Kreuzigung verbunden war.

> *Der um der vor ihm liegenden Freude willen die Schande nicht achtete und das Kreuz erduldete. — Hebräer 12,2* ELB

Jesus beschloss, sich auf die Freude zu konzentrieren. Die meisten von uns hätten in dieser Situation so kurzsichtig gedacht, dass wir keine Freude darin gesehen hätten. Aber Jesus blickte voraus auf die Auferstehung. Er wusste, dass das Kreuz nicht das Ende sein würde. Er wusste, dass er über Satan triumphieren und die Menschheit befreien würde. Der Herr blickte durch die Ewigkeit hindurch bis zu dir und mir. Er sah unsere Fesseln, unsere Verletzungen und Schmerzen, unsere Krankheiten und unser Elend. Er sagte in seinem Herzen: »Ich werde sterben, um sie zu erlösen. Ich werde ihnen Freude bringen.« Er entschied sich dafür, dem mehr Wichtigkeit beizumessen und es zu würdigen und die Schande, die Ablehnung und das körperliche Leiden zu ignorieren. Er beschloss, die Tatsache, dass sie ihn nackt ausziehen, verhöhnen und beleidigen würden, nicht zu beachten. Er hat diesen Dingen ganz bewusst ihre Wichtigkeit genommen und die Bedeutung dessen, was er tun würde, aufs höchste Maß gesetzt. Er war derjenige, der dem Ganzen seinen Wert beigemessen hat.

Du bist es, der den Dingen in deinem Leben ihren Stellenwert gibt. Du entscheidest, was oder wer dir wichtig ist oder nicht. Als die erwähnte Frau in North Carolina ihre Scheidung im richtigen Verhältnis sah, beschloss sie, dass es viel wichtiger sei, den Herrn zu empfangen, und begann, nun das wertzuschätzen und zu preisen. Du selbst entscheidest, welche Dinge es gibt, ohne die du nicht leben kannst – aber diese Entscheidung kannst du jederzeit ändern.

KAPITEL 4

Was ist für dich von Wert?

Denn zu euch, den Heiden, rede ich: Weil ich Apostel der Heiden bin, bringe ich meinen Dienst zu Ehren.
— Römer 11,13

Das griechische Wort, das hier mit »zu Ehren bringen« übersetzt wurde, findet sich auch in Römer 1,21 (ELB).[6] Dort wurde es mit »verherrlichen« übersetzt. »Zu Ehren bringen« oder »verherrlichen« kann also synonym verwendet werden. Es ist ein und dasselbe. Gott zu verherrlichen bedeutet, ihn zu Ehren zu bringen. Ihn zu Ehren zu bringen bedeutet, ihn zu verherrlichen.

Wusstest du, dass du Gott zu Ehren bringen kannst? Im eigentlichen Sinne kannst du ihn natürlich nicht zu Ehren bringen, denn seine Erhabenheit und Großartigkeit sind ewig und unveränderlich. Gott ist der, der er ist, ganz gleich, was du denkst. Soweit es jedoch deine Wahrnehmung und deine Erfahrung mit ihm betrifft, kannst du Gottes Bedeutung in deinem Leben vergrößern oder verringern. Es hängt alles davon ab, wie du denkst.

Wenn man richtig herum durch ein Fernglas schaut, also von den Okularen durch die Objektive, wird alles vergrößert. Wenn man das Fernglas aber umdreht und von den Objektiven aus durch die Okulare blickt, wirkt alles kleiner. Obwohl es sich um dasselbe Fernglas handelt, wird das, was man sieht, vergrößert oder verkleinert, je nachdem, wie herum man das Fernglas benutzt.

Dein Verstand ist wie ein Fernglas. Je nachdem, welche Entscheidungen du triffst und auf welche Dinge du dich konzentrierst, kannst du entweder Gott vergrößern und deine Probleme verkleinern – oder andersherum. Die traurige Wahrheit ist, dass die meisten von uns Meister darin geworden sind, die kleinsten, unbedeutendsten Dinge aufzublähen und Gott und sein Wort zu schrumpfen. In unserer Negativität konzentrieren wir uns auf den winzig kleinen Zahnstocher, den der Teufel uns in den Weg wirft, und lassen ihn immer größer werden. Bis du dann endlich fertig bist, dir alles auszumalen, was passieren könnte, ist aus dem Zahnstocher ein riesiger Baseballschläger geworden, mit dem Satan dir ordentlich eins über den Schädel zieht. Dabei bist du derjenige, der dem Baseballschläger diese Größe gegeben hat.

Was macht dir zu schaffen?

Kürzlich wollte einer unserer Bibelschüler mich sprechen. Er kam in mein Büro und begann zu weinen. Da ihn immer irgendetwas zu bedrücken schien, fragte ich: »Was ist diesmal los?« Es war ein Montag und er hatte am Vortag den Gottesdienst besucht. Er sagte: »Ich war so hungrig danach, Gottes Wort zu hören, aber die beiden Frauen, die vor mir saßen, redeten und lachten während des gesamten Gottesdienstes. Sie haben mich abgelenkt!« Dann beklagte er sich heftig schluchzend darüber, dass der Teufel die Situation ausgenutzt habe, um ihm das Wort Gottes zu stehlen.

Ich hatte soeben erst ein Telefongespräch mit einem guten Freund beendet. Dieser Mann hatte kürzlich seine Frau verloren, mit der er fast fünfzig Jahre verheiratet gewesen war. Ich hatte ihn angerufen, um ihm beizustehen, aber er verherrlichte und pries den Herrn und sagte: »Gott ist so groß. Gott ist so gut. Ich liebe ihn so sehr!« Seine Partnerin, mit der er fast ein halbes Jahrhundert verbracht hatte, war gerade gestorben, aber er lobte und dankte Gott inmitten einer schwierigen Situation.

Doch da saß nun dieser andere Mann in meinem Büro und heulte, weil er eine Predigt verpasst hatte. Zwei Frauen hatten sich unterhalten, und er war bereit, alles hinzuschmeißen. Das ist dumm. Warum ist er nicht einfach aufgestanden und gegangen oder hat sie gebeten, still zu sein? Das war keine große Sache gewesen – bis er sie aufgebauscht hat.

Was macht dir heute zu schaffen? In einem Jahr wirst du dich wahrscheinlich gar nicht mehr daran erinnern. Selbst wenn der Herr nicht eingreift, um die Situation, über die du dich so aufregst, in Ordnung zu bringen, wirst du sie in zwölf Monaten vergessen haben. Und warum? Weil es unbedeutend ist. Es ist nicht wirklich ein Problem. Du machst nur eines draus.

Wenn Menschen beim Gebetsaufruf auf mich zukommen und mir ihr Problem schildern, muss ich mir manchmal buchstäblich auf die Lippe beißen, um nicht zu lachen. Ich möchte sagen: »Das war's schon? Das ist das große Problem, das dich aus der Bahn geworfen hat? Mir sind an guten Tagen schon schlimmere Dinge passiert!«

Mal ehrlich, manche Dinge, über die sich die Leute so aufregen, sind völlig belanglos. Ich würde sie am liebsten auf die Reise in eines der Entwicklungsländer schicken, in denen ich schon war, damit sie mit eigenen Augen sehen können, wie Not und Leid wirklich aussehen. Sie würden mit einer völlig neuen Perspektive zurückkehren – und sie würden die Dinge ganz anders bewerten.

Falsche Werte

Es wird viel darüber geredet, wie schwer es Kinder heutzutage hätten. Dabei jammern sie schon, wenn sie nicht das neueste Smartphone-Modell haben. Das Leben ist nicht schwer für unsere Kinder. Diese Generation hat es einfacher als jede andere vor ihr.

Thomas A. Crapper wurde 1836 in England geboren. Als er elf Jahre alt war, gaben ihm seine Eltern einen Sack mit etwas Kleidung und Lebensmitteln für einen Tag. Sie sagten ihm, dass sie ihn liebten, klopften ihm auf die Schulter und schickten ihn fort. Er wanderte 265 Kilometer bis nach London. Er hatte dort keine Verwandten und niemanden, der sich um ihn kümmerte. Er war auf sich allein gestellt – leben oder sterben, untergehen oder schwimmen. Anders als heute gab es für ihn kein staatlich gefördertes Sozialsystem. Er konnte nicht von Sozialleistungen leben. Er hätte durchaus sterben können. Thomas war im Alter von elf Jahren völlig auf sich gestellt!

Ich könnte mir keines meiner Kinder vorstellen, wie es im Alter von elf Jahren auf sich allein gestellt gewesen wäre und versucht hätte, seinen Weg im Leben zu finden. Ich fand das doch sehr ungewöhnlich, was ich da las. Im nächsten Absatz stand dann auch, dass dies in der Tat ungewöhnlich war. Die meisten Kinder zogen nämlich erst mit zwölf Jahren von zu Hause aus. Wenn man im England des 19. Jahrhunderts zwölf Jahre alt war, hieß das, man war auf sich allein gestellt und musste sich als Erwachsener durchschlagen – leben oder sterben, untergehen oder schwimmen. Das nenne ich psychischen Stress!

Keine Designerjeans zu haben, nicht das neueste Videospiel zu besitzen oder kein Streaming-Abo bezahlt zu bekommen, ist kein Stress. Nicht das Auto der Eltern nutzen zu dürfen, nur bis 23 Uhr

Ausgang zu haben oder nicht alles tun dürfen, was die Freunde tun, hat ebenso wenig mit Stress zu tun.

Der Grund, warum wir diese Dinge als psychisch belastend empfinden, liegt in der Bedeutung, die wir ihnen beimessen. – »Es ist doch so wichtig, dass man von Gleichaltrigen Akzeptanz und Bestätigung erfährt! Man muss sich in seiner Haut wohlfühlen und ein positives Selbstwertgefühl haben.« Vor hundertfünfzig Jahren versuchten die Menschen nur zu überleben und einen weiteren Tag zu überstehen. Sie hatten keine Zeit, über ihr Selbstwertgefühl nachzudenken. Der Grund, warum so viele Menschen heute emotional total verkorkst sind, liegt darin, dass wir falsche Werte haben.

»Aber wir leben in einer Gesellschaft mit hohem Stressfaktor. Es hat noch keine Generation unter dem Druck gelebt, den wir heute erfahren.« Warst du jemals Soldat in einer Kampfzone? Das ist Stress. Ehefrauen und Kinder mussten im Zweiten Weltkrieg mitansehen, wie ihre Ehemänner und Väter in den Krieg zogen und nicht mehr zurückkamen. Das ist Stress. In einem Stau zu sitzen ist nur deshalb Stress, weil du es zu Stress machst, was an deiner Art zu denken liegt. Du hättest fünf Minuten gebraucht, um von A nach B zu kommen, aber wolltest es in drei schaffen. Du hast dich selbst unter Druck gebracht und die Situation dadurch unnötig verschärft.

Wir leben nicht in einer Stressgesellschaft. Es ist die privilegierteste, luxusverwöhnteste und bequemste Generation, die je auf der Erde gelebt hat. Wenn du dich gestresst, erschöpft und ausgebrannt fühlst, dann liegt das daran, dass du die falschen Werte hast. Du setzt dich selbst unter Druck. Es liegt nicht an unserer Gesellschaft. Du hast dich entschieden, ins Hamsterrad einzusteigen. Du bist es, der bei allem, was in deinem Leben geschieht, bestimmt, ob es von großer oder geringer Bedeutung ist.

»Kein Problem!«

Ein junger Geistlicher und seine Frau hatten erst kürzlich geheiratet. Seine Frau erzählte allen, dass sie ein Dutzend Kinder haben wolle. Während sie auf Reisen waren, wurde sie schwanger. Sie rief alle an und erzählte davon. Alle freuten sich mit ihr. Doch als sie wieder nach Hause zurückgekehrt war und zum Arzt ging, sagte man ihr, sie habe Krebs und müsse sich sofort einer Hysterektomie unterziehen. Der Arzt sagte ihr, dass sie nur eine 50-prozentige Überlebenschance habe und dass sie den Eingriff nicht länger als zwei Wochen hinauszögern dürfe. Diese Frau war völlig am Boden zerstört.

An einem Donnerstagabend stand ich nach dem Gottesdienst noch mit jemandem zusammen. Während wir lachten, scherzten und herumalberten, trat diese Frau von hinten an mich heran und klopfte mir auf die Schulter. Als ich mich umdrehte, weinte sie und fragte: »Andrew, hast du schon gehört, was man uns mitgeteilt hat?« Ich reagiere nicht immer so, wie ich es tat, aber ich glaube, in diesem Fall war es Gott. Ich fing einfach an zu lachen und rief aus: »Krebs ist kein Problem für Gott. Du tust so, als würden die Lichter im Himmel ausgehen, wenn der Herr dich heilt, aber für Gott ist es nicht schwer, Krebs zu heilen. Kein Problem!«

Es war, als hätte ich dieser Frau eine Ohrfeige verpasst. Sie hörte sofort auf zu weinen und fragte: »Würdest du zu uns nach Hause kommen und meinem Mann und mir davon erzählen?« Also sind Jamie und ich hingefahren und haben mit ihr gesprochen. Sie sagte: »Also gut, was soll ich tun?«

»Es ist deine Entscheidung. Du kannst beten und glauben, dass die Ärzte bei der Durchführung der Hysterektomie gesegnet sein werden. Du kannst diesen Weg gehen, wenn du willst, aber du wirst nie Kinder haben.«

»Welche andere Möglichkeit habe ich denn?«

»Du könntest einfach auf Gott vertrauen. Es ist nicht schwieriger, von Krebs geheilt zu werden als von einer Erkältung.«

Sie fragte: »Glaubst du das wirklich?« Also begann ich, Gott die Ehre zu geben und ihn zu verherrlichen. Ich ließ den Herrn größer und den Krebs kleiner erscheinen, indem ich alles in die richtige Relation brachte. Das Einzige, was den Krebs als schwieriges Problem erscheinen lässt, ist die Geltung, die man ihm gibt.

Sie beschloss, Gott zu vertrauen. Die Ärzte ließen sie daraufhin allen möglichen Papierkram unterschreiben, mit dem sie die Mediziner von jeglicher Haftung und Verantwortung entband. Man versuchte, sie einzuschüchtern, und sagte ihr, sie sei leichtsinnig und sie werde sterben. Man wollte sie dazu bringen, der ärztlichen Diagnose einen höheren Geltungswert zu geben als dem Wort Gottes.

Ich habe gewiss nichts gegen Ärzte. Ich habe sogar einen in meinem Vorstand. Danken wir Gott für Ärzte. Wenn es sie nicht gäbe, wären schon viele Christen vorzeitig gestorben. Mediziner sind jedoch auf den natürlichen Bereich beschränkt und oft bedeutet ihnen Gott, sein Wort und seine Macht überhaupt nichts.

Diese Ärzte wollten sie dazu bringen, Gottes Fähigkeiten nicht mehr so hoch zu achten. Dank seiner Gnade blieb sie jedoch standhaft. Es ist nun fast zwanzig Jahre her, dass sie diesen Eingriff abgelehnt hat – und sie hat eine ganze Schar von Kindern. Da wohl kein Arzt nach Durchsicht ihrer Krankenakte bereit gewesen wäre, die Verantwortung für die jeweilige Entbindung ihrer Kinder zu übernehmen, brachte sie sie einfach alle zu Hause zur Welt. So einfach war das.

Was erscheint dir bedeutender?

Was hat Wert für dich? Was ist für dich von Bedeutung? Ist Krebs für dich bedeutender als Gott? Du kannst dem Herrn einen höheren Stellenwert geben und ihn für dich größer machen als alles andere. Du tust es, indem du ihn verherrlichst, lobst und ihm dankst. Finde jemanden in der Bibel, der in einer vergleichbaren Situation wie du war und diese überwunden hat. Denk über diese Dinge nach und lass sie für dich realer werden als das, was dein Bankkonto, deine Verwandten, deine Freunde und auch dein eigener Verstand sagen. Du musst an einen Punkt gelangen, an dem Gottes Wort für dich die Wahrheit ist und der Herr viel mächtiger und größer ist als deine Situation.

Denk an Josaphat, der auszog und gegen die mächtigen Armeen kämpfte, die gegen ihn aufmarschiert waren (2Chr 20). Er setzte die Sänger an die Spitze seiner Truppen und ließ sie den Herrn preisen, und Gott besiegte den Feind, ohne dass Josaphats Männer auch nur das Schwert gezogen oder einen Pfeil abgeschossen hätten. Sag einfach: »Gott, so groß und mächtig bist du. Du hast Hunderttausende von feindlichen Soldaten vernichtet, und das aufgrund von Sängern, die dich gepriesen haben. Du bist großartig!« Das macht Gott größer. Dann wertest du deine Probleme ganz bewusst ab, indem du sagst: »Das ist unwichtig. Es hat keine Bedeutung für mich.«

Ich bin nicht im Dienst, um von Menschen gemocht zu werden. Ich tue das, was ich tue, weil Gott eine Berufung auf mein Leben gelegt hat. Als er mich in den Dienst rief, war ich ein introvertierter Mensch. Ich war schüchtern, gehemmt und bekam anderen gegenüber kaum einen Ton heraus. Vor Menschen zu stehen, war das Letzte, was ich wollte, und in den ersten zwei Jahren war es einfach schrecklich. Ich hatte mit Angst und allerlei anderem zu kämpfen. Aber der Herr hat mir einige Wahrheiten vermittelt, die sowohl mein Leben als auch das vieler anderer Menschen verändert haben. Ich diene also aus Liebe zu Gott und um Menschen zu helfen. Wenn ich dabei auch noch gemocht werde, ist mir dies natürlich lieber, als nicht gemocht zu werden.

Es macht mich nicht glücklich, wenn jemand nach einem Gottesdienst zu mir kommt und mir sagt, dass ihm die Botschaft nicht gefallen habe. Doch weißt du was? Es bereitet mir andererseits auch keine schlaflosen Nächte. Ich verliere darüber keine Sekunde Schlaf. Und warum? Weil es letzten Endes für mich keine Rolle spielt. Ich diene, weil ich Gott so sehr schätze und er mich dazu führt – und es ist egal, ob das, was ich zu sagen habe, jemandem gefällt oder nicht.

Wenn du Angst davor hast, dich zu deinem Glauben zu bekennen, dann deshalb, weil du die Meinung und die Zustimmung anderer in deinem Leben mehr schätzt als die von Gott. Du willst nicht Gefahr laufen, verspottet, kritisiert oder auf andere Weise ablehnend behandelt zu werden. Du misst Gott nicht den richtigen Stellenwert bei.

Aufgefrischt und wiederhergestellt

Nachdem der Herr etwas in deinem Leben bewegt hat, muss Satan dich nur in eine Situation hineinmanövrieren, in der du auf die eine oder andere Weise Kompromisse eingehst. Du hast all diese anderen Dinge, die dir so wichtig sind, die du bewahren musst, also entfernst du dich von der Offenbarung Gottes. Der Herr ist nie derjenige, der aufhört, zu geben und zu kommunizieren.

Gottes Liebe, Freude, Frieden, Heilung, Salbung, Gegenwart – und auch alles andere – sind für dich immer noch genauso verfügbar wie in dem Moment, als du Gott zum ersten Mal wahrgenommen hast. Gott liebt dich heute noch genauso wie damals. Er liebt dich sogar mehr, als du bisher überhaupt jemals wahrgenommen hast! Gott ist nicht die Variable. Du hast Gott seinen Stellenwert genommen, als du anfingst, jemanden oder etwas anderes höher zu schätzen.

Du kannst jedoch zu all dem zurückkehren, es auffrischen und in deinem Leben wiederherstellen, indem du Gott preist. Sag: »Vater, vergib mir, dass ich anderen Dingen so viel Bedeutung beigemessen habe. Vergib mir, dass ich die Meinung anderer Leute für wichtiger gehalten habe als das, was du gesagt und getan hast. Vergib mir, dass ich mich mehr für den Super Bowl und für die Fußball-WM interessiert habe als für dich. Vergib mir, dass ich meine Firma, meine Familie und andere Dinge wichtiger genommen habe als dich. Ich habe sie über dich gestellt und dich dabei vergessen.«

Du verherrlichst Gott, indem du über ihn sprichst. Erinnere dich an das, was er gesagt und getan hat. Sei dankbar, und während du den Herrn preist, wird das, was er in deinem Leben getan hat, neu aufleben und wiederhergestellt werden.

Ich erinnere mich immer wieder an die Dinge, die Gott in meinem Leben getan hat. Für mich sind sie heute realer als zu dem Zeitpunkt, als sie tatsächlich stattgefunden haben. Sie sind heute wichtiger in meinem Leben als vor über fünfunddreißig Jahren. Ich musste nie zu meiner ersten Liebe zurückkehren, weil ich sie nie verlassen habe (Offb 2,4). Falls du es jedoch getan hast, solltest du dich deswegen nicht verurteilt fühlen. Kehre einfach zu Gott zurück.

Bitte Gott aber nicht um eine »neue Ausgießung« seiner Liebe. Das wäre so, als würdest du sagen: »Herr, was du getan hast, war nicht gut genug.« Gott hat nie aufgehört, auszugießen. Du hast nur aufgehört, zu empfangen. Kehre zu ihm zurück und sage:

»Vater, vergib mir, dass ich mich jemals von dem entfernt habe, was du in meinem Leben gesagt und getan hast. Ich habe andere Dinge wichtiger genommen, habe sie höher geschätzt und mehr geachtet als dich.« Du kannst direkt zu dem Punkt zurückgehen, an dem du Gott verlassen hast, und ihm wieder Geltung, Wertschätzung und Achtung zukommen lassen. Du kannst alles wiederherstellen, was du verloren hast.

Ermutige dich selbst

In Wirklichkeit hast du es nie verloren. Wenn du jemals geheilt wurdest, ist die Kraft, die dich geheilt hat, immer noch in dir. Sie geht nie verloren (Röm 11,29). Gott hat nie mit dem Geben aufgehört, aber du hast aufgehört zu empfangen. Geh zurück und baue dich in diesem Bereich auf. Empfange im Glauben, was der Herr in seiner Gnade bereits zur Verfügung gestellt hat.

> *David aber stärkte sich in dem HERRN, seinem Gott.*
> *— 1. Samuel 30,6*

Inmitten seiner dunkelsten Momente pries David seinen Gott. Davids Truppen sprachen davon, ihn zu steinigen. Ihre geliebten Frauen und Kinder waren allesamt weg – von ihrem Besitz ganz zu schweigen. Doch anstatt mutlos zu werden und zu denken: *Ich Ärmster*, ermutigte sich David im Herrn. Er begann, Gott inmitten einer schlimmen Situation zu verherrlichen und zu preisen.

Das kannst auch du tun. Du kannst dich entweder dafür entscheiden, niedergeschlagen zu sein, zu heulen und zu zetern, zu jammern und zu klagen. Oder du entscheidest dich, Gott zu loben und zu preisen.

Ich bin seit 1968 nicht mehr entmutigt und deprimiert gewesen. »Aber Andrew, dann hast du wohl einfach keine Probleme.« Ich habe Probleme wie jeder andere auch. Tatsächlich haben Diener Gottes sogar mehr Probleme als andere, weil wir im geistlichen Reich Zielscheiben auf unserem Rücken tragen. Ich habe jedoch bewusst entschieden, dass ich lieber voller Freude und Frieden bin als entmutigt und deprimiert. Also stärke und ermutige ich mich einfach im Herrn.

Manchmal muss ich schlichtweg ausblenden, was in meinem Leben vor sich geht, und mich zwingen, mich ganz auf Gott zu konzentrieren. Ich muss den Blick von den natürlichen Umständen abwenden und mich dafür entscheiden, Gott zu erheben und zu verherrlichen. Manchmal war ich schon gezwungen, es anfangs mit zusammengebissenen Zähnen zu tun. Ich fühlte mich nicht danach. Ich spürte keine Welle der Begeisterung in mir. Aber ich biss die Zähne zusammen und sagte: »Gott, ich preise dich. Du bist großartig!« Es dauerte nicht lange, und die Freude und der Frieden begannen zu fließen.

Von den Toten erweckt

Jamie und ich erhielten am 4. März 2001 um 4:15 Uhr in der Früh einen Anruf. Unser ältester Sohn, Joshua, teilte uns mit, dass unser jüngster Sohn, Peter, nicht mehr am Leben sei. Er war schon seit über vier Stunden tot. In uns stiegen die gleichen negativen Gefühle auf, wie sie jeder andere in einer solchen Situation hätte, aber ich folgte dem, was ich auch hier lehre: Ich weigerte mich, der Trauer und dem Kummer mehr Raum zu geben als meinem Lobpreis für Gott.

Während Jamie und ich die einstündige Autofahrt in die Stadt unternahmen, fing ich einfach an, Gott zu preisen. Ich dankte ihm für seine Treue und ließ ihn wissen, dass ich ihm weiterhin dienen und ihn von ganzem Herzen lieben würde, unabhängig davon, was mit unserem Sohn passierte.

Als ich Gott zu rühmen begann, stieg Glaube in meinem Herzen auf, und ich wusste mit absoluter Gewissheit, dass Peter leben würde. Als wir in Colorado Springs ankamen, erfuhren wir, dass Peter sich fünf oder zehn Minuten nach dem Anruf aufgesetzt und zu sprechen begonnen hatte. Man hatte ihn entkleidet und ihn auf der Bahre, mit einem Zettel am Zeh, in eine Kühlkammer geschoben, aber Gott weckte ihn nach fast fünf Stunden von den Toten auf. Danke, Jesus! Und es gab keine Hirnschäden – oder wie Peter selbst sagte: »Nicht mehr Hirnschäden als vorher.«

All dies geschah, weil ich mich weigerte, etwas anderes den Platz einnehmen zu lassen, der Gott zusteht.

Du bist die Person, die solche Dinge entscheiden kann. Du kannst dich selbst aufbauen.

Gib Gott die Ehre

Er [Abraham] wurde stark durch den Glauben, (wie?) indem er Gott die Ehre gab … — Römer 4,20

Gott verherrlichen. Ihm die Ehre geben. Bring ihm Achtung und Wertschätzung entgegen. Sag: »Herr, du bist größer als dieses Problem mit meinen Finanzen (mit meiner Ehe, meinen Beziehungen, meiner Gesundheit, meinem Job). Gott, du bist größer und mächtiger als alles andere. Du bist einfach großartig!« Wenn du anfängst, Gott zu erheben, wächst dein Glaube ganz von selbst.

Einige von uns können nur deshalb nicht stärker im Glauben handeln, weil sie sich nicht die Zeit nehmen, Gott zu erheben und mit Worten anzuerkennen, dass er größer ist als ihr Problem. Es ist wichtig, dass du Dinge sagst wie: »Gott, du bist größer als mein Problem. Du bist mächtiger als diese Situationen, mit denen ich konfrontiert bin.« Wenn du Gott erhebst und ihn verherrlichst, steigt Glaube in dir auf, und dann ist alles möglich.

Alles ist möglich dem, der glaubt! — Markus 9,23

Aber es liegt an dir, Gott zu verherrlichen.

Gott zählt am meisten

Viele Christen heutzutage sind nicht besonders gut, was das angeht. Anstatt Gott zu erheben, spielen wir unsere Probleme hoch. Unsere Gesellschaft neigt dazu, unbedeutende Dinge überzubewerten. Deshalb müssen wir den Dingen den richtigen Wert zumessen.

Einmal brach jemand nachts in ein Kaufhaus ein. Diese Person stahl nichts, vertauschte aber alle Preisschilder. Am nächsten Tag wurde ein Staubsauger, der eigentlich 200 Dollar kostete, für 8 Dollar verkauft und ein Artikel für 8 Dollar für 200 Dollar. Das Geschäft verkaufte am nächsten Tag die falsch ausgepreisten Waren, bis mittags endlich jemand merkte, was los war. Das Ganze verursachte ein ziemliches Chaos!

Genau das hat Satan mit unserer Gesellschaft gemacht. Er hat sich eingeschlichen und unsere Wertvorstellungen verändert. Wir glauben, wir bräuchten bestimmte Dinge. Wir legen dermaßen viel Wert auf physische, materielle Dinge, aber im Hinblick auf die

Ewigkeit sind sie nicht wirklich wichtig. Wenn alle Zeit vorbei ist, wird Gott derjenige sein, der am meisten zählt.

Deine Beziehung zum Herrn ist das Einzige, was in deinem Leben wirklich wichtig ist. Aus diesem Grund musst du sie wertschätzen und ihr Bedeutung beimessen. Tu das konsequent und du wirst immer voll sein mit Heilung, Freude, Frieden, Befreiung, Salbung, Kraft und mit allem, was du sonst noch brauchst. Du selbst bestimmst, wie erfüllt du bist. Gott ist nicht derjenige, der das entscheidet. Wahre Erweckung bedeutet einfach, dass du so sehr von Gott erfüllt bist, dass deine Fülle auf jemand anderen überfließt. Das hängt nicht von Gott ab – es geht von dir aus.

KAPITEL 5

Sieh die vor dir liegende Freude

Die meisten Christen wissen nicht, wie sie das, was Gott für sie getan hat, bewahren können. Er berührt ihr Leben und sie wenden sich ihm zu, doch sechs Monate später ist es, als sei ihnen ihre Begeisterung, ihn besser kennenzulernen und ihm zu dienen, verloren gegangen. So war es von Gott nie beabsichtigt.

Römer 1,21 zeigt uns, wie Menschen sich von der Offenbarung über die Existenz Gottes, seines Hasses gegenüber der Sünde und über unsere Rechenschaftspflicht ihm gegenüber entfernen. Es werden vier Dinge beschrieben, durch die wir uns gegenüber dem, was Gott in unserem Leben getan hat, verhärten und empfindungslos machen.

Zunächst einmal preisen wir Gott nicht. Wir messen ihm keinen Wert und keine Bedeutung bei. Wir schätzen – und würdigen – die Offenbarung, die er uns gibt, nicht. Das Wort *preisen* bezieht sich auf den Wert, den wir allem beimessen, was Gott gesagt und getan hat.

Die meisten Menschen schätzen die Dinge Gottes nicht so, wie sie es sollten. Wenn wir anfangen, mehr Wert auf die Meinungen und Erfahrungen anderer zu legen als auf das, was Gott in seinem Wort sagt, und darauf, wie er unser Leben berührt hat, werden wir zunehmend unempfänglich. Der Segen und der Nutzen dessen, was Gott für uns getan hat, sowie die Freude darüber schwinden allmählich, wenn wir aufhören, es gebührend zu würdigen.

Blicke über den Herzschmerz hinaus

So wie du dem, was Gott in deinem Leben gesagt und getan hat, eine positive Bedeutung gibst, musst du dem, was sich dir entgegenstellt, die Bedeutung nehmen. Das geht Hand in Hand!

Du kannst nicht einfach nur sagen: »Vater, ich schätze, was du getan hast. Ich rühme dich und preise alles, was du in meinem Leben bewirkt hast.« Man muss sich auch bewusst darum bemühen, alles andere in einem vergleichenden Sinne abzuwerten.

Jesus stellte sich dem Kreuz, konzentrierte sich aber auf die »vor ihm liegende Freude« (Hebr 12,2). In unterordnender Weise nahm er seine Gedanken gefangen. Das kam nicht von allein. Auf dem Weg zum Kreuz wurde Jesus nicht einfach von einer Welle natürlicher Gefühle wie Begeisterung und Glück erfasst. Es kostete ihn Mühe, aber er blickte über das Kreuz hinaus und sah die dahinter liegende Freude.

Er sah, dass dies seinen Vater erfreuen und dessen Zorn über die Sünde stillen würde, und dass er von den Toten auferstehen und eines Tages zur Rechten des Vaters sitzen würde. Er sah auch dich und mich. Das Herz des Herrn schlug mit einer solchen Liebe für die Welt, dass er über den Herzschmerz hinwegsehen konnte.

Sieh das Negative als vergleichsweise unbedeutend

Dies ist ein entscheidender Schlüssel zum Sieg. Wenn du jemals etwas wirklich Bedeutendes tust, wenn du das Leben eines anderen Menschen berührst, wenn du bestrebt bist, ein Unterfangen zum Erfolg zu führen, werden zwischen dir und diesem Erfolg unweigerlich Probleme stehen. Erfolgreich ist derjenige, der über diese Probleme, über Verletzungen und Schmerzen hinwegsehen kann und stattdessen das, was erreicht werden soll, in den Vordergrund stellt und höher schätzt als alles andere. So jemand kann über Kosten und Mühe hinausblicken und das Ziel höher gewichten als alles andere. Das ist es, was Verlierer und Sieger voneinander trennt.

Alle Millionäre, von denen ich je gelesen habe, sind mehr als einmal pleite gegangen, aber sie hatten etwas in ihrem Inneren, das sie trotzdem weitermachen ließ. Sie wussten einfach mit absoluter, unverrückbarer Gewissheit, dass Erfolg möglich war. Also behielten sie dieses Ziel – diesen Siegespreis – immer im Blick. Dadurch waren sie in der Lage, Dinge auf sich zu nehmen, die andere Menschen zerstört hätten.

Ich habe auch schon das Gegenteil beobachtet. Es gibt Menschen, bei denen alles zu funktionieren scheint, aber sie haben eine Verlierermentalität und erwarten einfach immer, dass etwas schief geht. Und wenn dann tatsächlich das erste kleine Problem auftaucht, verwandeln sie sich in ein Häufchen Elend. Das Problem ist nicht die äußere schwierige Situation, sondern das Versagen im Inneren.

Der Herr hat nur auf die vor ihm liegende Freude geblickt und auf die Schande gar nicht geachtet – er hat sie geringgeschätzt (Hebr 12,2). Mit deinen Gedanken machst du die Dinge größer oder kleiner. Maßgeblich ist nicht, was dir passiert, sondern wie du es wahrnimmst und verarbeitest. Wenn du negative Dinge gedanklich vergrößerst, werden sie unüberwindbar. Genauso kann man große Probleme kleiner werden lassen, indem man sie gedanklich schrumpft und ihnen etwas von ihrer Wichtigkeit nimmt. Wenn Jesus die mit dem Kreuz verbundene Schande als nichtig betrachten konnte, ist das auch mit allem anderen möglich. Du kannst alles, was sich dir entgegenstellt, auf ein Nichts reduzieren.

Allezeit!

Ich will den HERRN preisen allezeit, sein Lob soll immerzu in meinem Mund sein. — Psalm 34,2

Den meisten Christen ist diese Bibelstelle bekannt, aber sie glauben nicht wirklich, dass es so funktioniert. Sie sagen: »Also, man kann Gott schon bis zu einem gewissen Punkt preisen, aber es gibt Situationen, da kann doch keiner mehr erwarten, dass man den Herrn immer noch lobt.« Das heißt mit anderen Worten, dass die Bibel gar nicht »allezeit« meint, sondern »allezeit, nur nicht in diesen Zeiten«.

Wenn du Gott und allem Geistlichen den richtigen Wert zuerkennst, kann sich nichts in diesem Leben damit messen. Du kannst allem in diesem Leben einen so geringen Stellenwert geben, dass dich nichts mehr belasten oder dir die Freude rauben kann.

»Aber was ist, wenn du gerade eine Scheidung durchmachst? Was ist, wenn dein Ehepartner dich betrügt? Das ist doch furchtbar! Wie kann man sich da noch freuen? Psychologen würden sagen, dass du die Augen vor der Realität verschließt.«

Du könntest dich auf den Herrn konzentrieren und sagen: »Danke, Jesus, dass wir laut deinem Wort im Himmel weder heiraten noch verheiratet werden (Mt 22,30). Das hier ist nur eine vorübergehende Angelegenheit. Ich bin so froh, dass ich in der Ewigkeit für immer mit dir leben darf und nicht mit diesem Menschen hier.« Das ist etwas, worüber man sich freuen kann! »Danke, Jesus, dass du dich nie von mir scheiden lässt. Du wirst mich nie verlassen oder aufgeben« (Hebr 13,5). Du kannst dich selbst dann freuen, wenn du gerade eine Scheidung durchmachst.

Verändere die Welt

Was macht es schon, wenn du stirbst? Irgendwann stirbst du sowieso. Das Leben ist eine endliche Erfahrung. Wir alle befinden uns in verschiedenen Stadien des Sterbens – auch jüngere Menschen. Die Zeit, die dir noch bleibt, wird weniger. »Oh, das klingt ja furchtbar!« Paulus sah das nicht so. Er schwankte zwischen seiner starken Sehnsucht, bei Gott zu sein, und dem Wunsch, hier zu bleiben und zu dienen.

Wenn du die Dinge richtig bewertest, kannst du an einen Punkt gelangen, an dem Sterben kein Problem mehr darstellt. Wenn dir ein Arzt sagt, dass du sterben wirst, kannst du ihm dann einfach um den Hals fallen und sagen: »Das ist großartig! Ich glaube an Heilung, also glaube ich, dass Gott mich heilen wird. Aber selbst, wenn ich nicht gesund werden sollte, wird es fantastisch sein, sich einfach in der Gegenwart des Herrn zu befinden. So oder so kann ich nur gewinnen!«

Wenn du das nicht kannst, dann liegt das an deiner falschen Werteordnung. Du schätzt immer noch dieses physische Leben – die fleischlichen Dinge – mehr als die ewigen Dinge.

Die Ehe ist etwas Wunderbares. Danken wir Gott für die Ehe. Sollte dir deine Ehe jedoch so wichtig sein, dass du ohne deinen Partner nicht zurechtkämst, nimmt sie bei dir einen Platz ein, der ihr gar nicht zusteht. Ginge deine Ehe plötzlich den Bach hinunter und du könntest das nicht überleben, hättest du die falschen Vorstellungen davon, was wirklich wichtig ist.

John Wesley, der große Erweckungsprediger, hatte eine grauenvolle Ehe. Ich habe mal das Haus in London besichtigt, in dem er lebte. Seine Frau hatte ihm immer Tritte und Schläge versetzt, während er betete. Sie hasste sowohl Gott als auch ihn, und doch lebte er zwanzig Jahre lang mit ihr zusammen. Obwohl sie ihn schlug, machte Wesley einfach weiter und veränderte die Welt im Dienste Gottes.

Gott gegenüber empfänglich sein

»Aber mein Ehepartner liebt und schätzt mich nicht. Das hemmt meine persönliche Entwicklung.« Nimm den Daumen aus dem Mund und werde erwachsen. Mach dir bewusst, dass es um viel Größeres geht als das. Mach einfach weiter und folge dem Herrn.

Jesus ertrug das Kreuz und betrachtete es als ein Nichts im Vergleich zu der Freude, auf die er sich konzentrierte. Er wurde nackt ausgezogen, angespuckt, ihm wurde der Bart ausgerissen, Dornen stachen in seine Kopfhaut, sein Rücken wurde zerfetzt und dazu wurde er noch verspottet, aber er achtete dies alles nicht als wichtig. Es spielte keine Rolle. Er dachte an die Freude, die noch kommen sollte.

Das meiste, worüber wir uns Sorgen machen, ist völlig unbedeutend. Manche Leute sagen: »Wenn ich in den Himmel komme, werde ich Gott nach diesem und jenem fragen.« Nein, das wirst du nicht. Wenn du erst einmal dort bist und alle Dinge so erkennst, wie du gekannt wirst, bekommt alles seine richtige Perspektive. Angesichts von Gottes Größe und Herrlichkeit wirst du sagen: »Ich bin echt froh, dass ich diese dumme Frage nicht gestellt und meinem Ärger nicht Luft gemacht habe.« Wenn du vor dem allmächtigen Gott stehst, wirst du ihn nicht zur Rechenschaft ziehen und sagen: »Warum hast du dies nicht getan und warum hast du jenes nicht getan?« Sobald du Gottes Sichtweise erkennst, verändert das dein Leben.

Die Dinge erscheinen uns nur deshalb so groß, weil Gott für uns so klein ist. Wenn du den Herrn gebührend ehren, preisen und wertschätzen würdest, bekäme er eine solche Größe für dich, dass alles andere bedeutungslos wäre. Es wäre einfach nicht mehr wichtig. Wenn du erst einmal zu dieser Einstellung gefunden hast, wirst du feststellen, dass alles andere im Natürlichen besser für dich funktioniert. Du wirst deine Heilung leichter erhalten. Deine Finanzen werden problemloser fließen. Deine Ehe wird besser laufen, weil du von deinem Gegenüber nicht mehr abhängig bist. Wenn die Person, mit der du verheiratet bist, etwas falsch macht, hat das keinen Einfluss auf dein eigenes Leben. Du wirst einfach weiter den Weg mit Gott gehen, was ohnehin das Beste ist, was du für deinen Ehepartner bzw. deine Ehepartnerin tun kannst.

Meine Frau weiß, dass ich Gott mehr liebe, als ich sie liebe – und bei ihr ist es genauso. Manche Menschen würde das verletzen und stören, aber für mich ist es ein Segen. Und warum? Weil es Momente gibt, in denen ich Dinge falsch mache und meine Frau enttäusche. Wenn ich dann von ihr bekäme, was ich verdiente, hätte ich ein Problem. Aber Jamie hat eine verbindliche Beziehung zum Herrn, und ich weiß, dass er sich nie irrt. Gott ist immer derselbe. Er ist derjenige, der uns überhaupt erst zusammengebracht hat, und er ist es auch, der will, dass unsere Ehe Bestand hat. Ich freue mich sehr darüber, dass meine Frau mehr auf Gott hört als auf mich.

Perspektive

Jesus richtete seinen Blick auf die vor ihm liegende Freude, und das ließ ihn das Kreuz ertragen. Wenn du nicht durchhältst, liegt das wahrscheinlich daran, dass du keine Freude vor dir hast, auf die du dich stattdessen konzentrieren kannst. Du bist wie eine Fliege, die auf einem Gemälde sitzt. Fliegen haben Facettenaugen und sehen alles in tausend Fragmenten. Im Moment siehst du zweitausend Kleckse einer hässlichen roten Farbe. Aber wenn du zurücktrittst und das Bild perspektivisch betrachtest, wirst du sehen, dass dieser kleine Farbklecks sich perfekt einfügt und dazu beiträgt, dass das Gemälde ein Meisterwerk ist.

Man kann sich so sehr auf sein Problem konzentrieren, dass man nichts anderes mehr sieht und glaubt, die ganze Welt gehe deswegen unter. Du musst dich auf etwas anderes konzentrieren als auf das, was im Moment im Argen liegt. Schau darüber hinaus. Hebe deinen Blick und sieh nicht nur auf deine Füße und auf das, was gerade los ist.

Jesus hat über sein Problem hinausgeblickt. Das befähigte ihn, es zu ertragen. Er achtete nicht auf die Schande und konzentrierte sich stattdessen auf die Freude – und das kannst auch du.

KAPITEL 6

Gott ist immer die bessere Wahl

Aufgrund des Glaubens weigerte sich Mose, als er herangewachsen war, für den Sohn einer Tochter des Pharao gehalten zu werden; lieber wollte er zusammen mit dem Volk Gottes Schlimmes erleiden, als flüchtigen Genuss von der Sünde zu haben; er hielt die Schmach des Christus für einen größeren Reichtum als die Schätze Ägyptens; denn er richtete seinen Blick auf die Belohnung. — Hebräer 11,24–26 EÜ

Mose zog Leiden, Ablehnung und Verfolgung allen Schätzen Ägyptens vor. Das war keine Kleinigkeit. Schließlich war er zweiter Befehlshaber der größten Weltmacht jener Zeit. Aus der Geschichtsschreibung geht hervor, dass Mose auszog und die Äthiopier besiegte. Er war ein Feldherr mit großer Autorität, aber er achtete den Willen Gottes höher als all diesen Reichtum und diese Macht.

Was respektierst du?

Wenn du in einer solchen Position wärst, würde es dir sicherlich schwerfallen, dich mit den Sklaven zu identifizieren. Würde Gott zu dir sagen: »Diese Ägypter, mit denen du aufgewachsen bist, sind nicht wirklich dein Volk«, hättest du vermutlich ein Problem damit. Du würdest sagen: »O Herr, sieh doch, was ich alles aufgeben müsste!« Wenn es dir manchmal schwerfällt, Gottes Willen zu tun, dann deshalb, weil dir andere Dinge wichtiger sind.

Mose war dazu in der Lage, weil er in seinem Herzen einen festen Entschluss fasste und sagte: »Gottes Willen zu tun, bedeutet mir viel mehr, als den Thron zu verlieren. Mit Christus zu leiden und diese Macht und diesen Reichtum aufzugeben, ist nichts im Vergleich zu meinem Lohn. Selbst wenn ich vierzig Jahre lang in die Wüste gehen muss, ist Gott mir mehr wert. Meine gottgegebene Bestimmung zu erfüllen, ist für mich wertvoller als alles, was Ägypten mir zu bieten hätte.« Das ist der Grund, warum er es tun konnte.

Manchmal blicken wir auf Menschen, die große Opfer gebracht haben, und fragen uns: *Wie waren sie dazu bloß in der Lage?* Nun, mit den Werten, wie sie manche Menschen haben, hätten sie es nicht gekonnt! Menschen richten ihr Handeln im Allgemeinen nach dem aus, was sie am meisten schätzen und achten. Das Problem ist also nicht, dass wir nicht wissen, was das Richtige wäre. Vielmehr sind unsere Werte so verdreht, dass wir nicht die richtige Entscheidung treffen können, weil wir das Gefühl haben, einfach zu viel dabei zu verlieren.

Es sah so aus, als würde Mose alles verlieren, aber er blickte darüber hinaus. Er richtete seinen Blick auf die Belohnung (Hebr 11,26 EÜ). Den Blick auf etwas richten bedeutet, ihn von allem anderen abzuwenden. Mose sah von allen anderen Dingen weg, außer von seiner Belohnung. Mit anderen Worten: Er setzte sich nicht erst hin, um darüber nachzudenken und aufzulisten, was er alles würde aufgeben müssen. Er wandte sich von allem ab und konzentrierte sich allein auf das, was Gott ihm versprochen hatte. Wenn er das nicht getan hätte, dann hätten wir wahrscheinlich nie von Mose gehört.

Wer sich für Gott entscheidet, tut immer, wirklich immer, das Beste für sich selbst. Es sah so aus, als würde Mose eine Menge aufgeben, aber er entschied sich für Gott und änderte damit den Lauf der ganzen Welt. Es gibt heute keinen Christen auf dieser Erde, der den Namen Mose nicht schon einmal gehört hätte. Auch die meisten Nichtchristen, Juden und Muslime kennen seinen Namen. Fast jeder hat schon einmal von Mose gehört! Aber niemand in unserer Zeit hätte je von ihm gehört, wenn er stattdessen den Reichtum Ägyptens gewählt hätte. Mose hat sich für das Bessere entschieden. Wenn du dich für Gottes Weg entscheidest, wird es am Ende immer besser für dich laufen. Das Problem ist nur, dass wir oft sagen: »Herr, wenn ich tue, was du von mir verlangst, muss ich dies und jenes aufgeben!«

»Auf gar keinen Fall!«

Nach meiner Rückkehr aus Vietnam begann ich bei einer Filmstelle des öffentlichen Schulsystems zu arbeiten. Obwohl ich das College abgebrochen hatte, gab ich in diesem Job mein Bestes. Ich entwickelte und bearbeitete Filme und lieferte sie an die Schulen. Das war meine Arbeit, aber ich tat sie so, als machte ich sie direkt für den Herrn. Ich betete für meine Tätigkeit und gab mir die allergrößte Mühe.

Nach ein paar Monaten kam der Hauptabteilungsleiter zu mir und sagte: »Ich mag Sie und finde gut, was Sie leisten, deshalb biete ich Ihnen eine Beförderung an. Sie könnten hier fünfunddreißig Jahre lang arbeiten und dann in Rente gehen. Dieser Job beinhaltet eine garantierte Altersversorgung. Der Haken ist, dass Sie sich für mindestens fünf Jahre vertraglich binden müssen.« Er wollte mich in eine Führungsposition bringen, obwohl ich erst zwanzig Jahre alt war!

Das war eine großartige Gelegenheit, besonders für einen Studienabbrecher. Aber sie kam genau zu dem Zeitpunkt, als der Herr mir sagte, ich solle in den Dienst gehen. Und so lautete meine Entscheidung: »Auf gar keinen Fall!« Auch wenn ich über Gottes Plan für mein Leben noch nicht viel wusste, war er mir dennoch sehr viel wichtiger als dieses Angebot. Doch in jenem Moment bedeutete es eine echte Versuchung für mich. Wenn ich heute zurückblicke, kann ich allerdings sagen: »Danke, Jesus, dass ich mich nicht für den Job als Filmeditor entschieden habe.«

Was Gott in meinem Leben getan hat, ist so viel größer als jenes Angebot. Es ist um so vieles fantastischer. Hätte ich die Stelle angenommen, wäre ich nie aus jener Stadt herausgekommen. Aber ich darf die Welt bereisen und allen möglichen Menschen dienen. Welch ein Privileg!

Es ist immer besser, sich für Gott zu entscheiden. Du musst nur dein Wertesystem ändern und andere Dinge weniger wichtig schätzen. Finde zu einem Punkt, an dem du von allem wegblickst, außer vom Herrn. Sag: »Vater, du bist alles, was ich will. Dein Wille ist alles, was ich in meinem Leben brauche.«

Was für Paulus wichtig war

Paulus betrachtete alles, was er hatte, als wertlos im Vergleich dazu, Gott zu kennen. Er sprach dabei nicht von seinen Misserfolgen und den Dingen, die er falsch gemacht hatte. Paulus bezog sich auf seine gesamte Ausbildung, seine Abschlüsse und seine Leistungen. Paulus war wahrscheinlich einer der gebildetsten Männer seiner Zeit. Er war ein aufgehender Stern unter den Rabbinern im Land Israel. Im Natürlichen sprach jede Menge für ihn.

Aber was mir Gewinn war, das habe ich um des Christus willen für Schaden geachtet; ja, wahrlich, ich achte alles für Schaden gegenüber der alles übertreffenden Erkenntnis Christi Jesu, meines Herrn, um dessentwillen ich alles eingebüßt habe; und ich achte es für Dreck, damit ich Christus gewinne. — Philipper 3,7–8

Was hier als »achten«[7] übersetzt wurde, ist dasselbe griechische Wort, mit dem in Hebräer 11,26 beschrieben wurde, dass Mose die Schmach des Christus für größeren Reichtum »hielt«[8] als die Schätze, die in Ägypten waren.

Für Paulus hatte Gott einen hohen Stellenwert und alles andere hatte keinen. Der Wert, den er all seiner Bildung und seinen Errungenschaften beimaß, kam dem von Dreck gleich. Weißt du, was wir mit unserem »Dreck« machen? Wir rahmen ihn ein und hängen ihn an die Wand.

»Du allein, Jesus!«

Wenn du wirklich alles außer der Erkenntnis Christi als Dreck betrachten würdest, dann wärst du wie Paulus, wenn die Leute kämen und sagten: »Wir werden dich töten!«

Er antwortete: »Wunderbar! Tötet mich. Dann werde ich bei Gott sein.«

Allerdings gibt es nur sehr wenige unter uns, die so reagieren würden. Und warum? Weil wir alles andere als die innige, persönliche und lebendige Beziehung mit Christus noch nicht als »Dreck« betrachten.

Für dich sind dein Ruf und deine materiellen Besitztümer doch sicher sehr wichtig. Damit will ich nicht sagen, dass du sie überhaupt nicht wertschätzen solltest. Nur sollte ihr Wert im Vergleich zu dem hohen Wert, den du dem Herrn und seiner Macht in deinem Leben beimisst, verblassen. Wenn dir jemand eine Waffe an den Kopf hielte und sagte: »Entscheide dich jetzt zwischen deinem Leben und Gott«, dann sollte dir die Wahl nicht schwerfallen – »Du allein, Jesus. Für dich würde ich auf der Stelle sterben.« Du denkst vielleicht, dass du das nie könntest, aber du kannst es.

Jede Person in der Bibel, die jemals irgendetwas Bedeutendes geleistet hat, verherrlichte Gott. Diesen Menschen war das, was er sagte und was er für ihr Leben geplant hatte, wichtiger als alles andere. Sie liebten Gott einfach mehr, als sie sich selbst liebten. Das ist der Schlüssel.

Du wirst es lieben

Du musst an den Punkt gelangen, an dem du die Dinge Gottes mehr schätzt als deine Dinge. Wenn dir der Herr mehr wert ist als dein eigenes Leben, dann wird das Leben als Christ sehr einfach.

Die meisten Leute glauben, Gott werde sie zu etwas zwingen, was sie nicht tun wollen. »Womöglich schickt mich der Herr in den entlegensten Winkel Afrikas.« Gott wird nichts tun, was dir schadet. Das ist überhaupt nicht seine Art zu handeln.

> *Freu dich am HERRN, und er wird dir geben, was dein Herz wünscht. — Psalm 37,4* NLB

Das bedeutet nicht, dass er dir einfach alles gibt, was du willst. Es bedeutet, dass Gott seine Wünsche in dein Herz legen wird. Wenn du dich am Herrn erfreust – wenn du ihn mehr als alles andere schätzt und achtest –, wirst du tun können, was du gern tun möchtest. Warum? Weil sich deine Wünsche ändern werden. Wenn der Herr dich ins tiefste Afrika schicken will – und er deine Freude ist –, wirst du nirgendwo anders glücklicher werden. Du wirst es lieben, dort zu sein!

Ich habe ein paar Freunde, die als Missionare in Mexiko sind. Sie leben jetzt seit über zwanzig Jahren dort. Sie können sich nicht einmal vorstellen, in die USA zurückzukehren. Sie lieben es dort, weil Gott sie dorthin berufen hat.

KAPITEL 7

Dankbarkeit ehrt Gott

Der zweite Schritt der in Kapitel 1 aufgeführten vier Schritte, die man vermeiden sollte, wenn man von Gott erfüllt bleiben will, ist dieser:

[Sie haben] ihm nicht gedankt … — Römer 1,21

In Kapitel 4 haben wir gesehen, dass Gott zu Ehre zu bringen bedeutet, ihn zu verherrlichen. Betrachten wir einmal im Licht dieser Wahrheit folgenden Vers aus Psalm 69:

Ich will den Namen Gottes loben mit einem Lied und ihn erheben mit Dank. — Psalm 69,31

Gott zu verherrlichen, zu ehren und ihm zu danken sind Gefühlsregungen, die zusammengehören und ineinandergreifen. Um Gott zu verherrlichen, muss man ihm dankbar sein. Wenn du ihm dankst, erinnerst du dich daran, was er gesagt und getan hat, und dadurch wird er geehrt. Wenn du auf diese Weise an den Herrn denkst, nimmt er in deinem Leben an Größe und Macht zu. Um Gott wirklich zu ehren und zu verherrlichen, musst du dankbar sein für das, was er getan hat.

Erinnerung und Demut

Undankbarkeit ist eines der Übel unserer Generation.

*In den letzten Tagen [werden] schlimme Zeiten eintreten werden. Denn die Menschen werden sich selbst lieben, geldgierig sein, prahlerisch, überheblich, Lästerer, den Eltern ungehorsam, **undankbar**, unheilig … sie lieben das Vergnügen mehr als Gott. — 2. Timotheus 3,1–2.4*

Undankbarkeit wird gleich vor Unheiligkeit aufgeführt. Sie wird in einer Reihe mit Lästerern und Genusssüchtigen genannt, denen das Vergnügen wichtiger ist als Gott. Wenn das nicht unsere Gesellschaft beschreibt! Ein großer Teil der heutigen Bevölkerung ist undankbar. Die Menschen erinnern sich an die Güte Gottes nicht oder erkennen sie gar nicht erst an.

Zur Dankbarkeit gehören Erinnerung und Demut. Man kann nicht dankbar sein, ohne sich an die guten Dinge zu erinnern, die für einen getan wurden. Ein stolzer Mensch glaubt nicht, dass irgendjemand anderes ihm bei irgendetwas geholfen haben könnte. Solche Leute haben alles »aus eigener Kraft« erreicht. Sie erkennen den Beitrag und die Hilfe anderer Menschen oder den Segen glücklicher Fügungen nicht an. Diese Vorstellung von sich selbst als Selfmade-Mann oder Selfmade-Frau ist heute weit verbreitet. Nur sehr wenige Menschen halten die Erinnerung an empfangene Wohltaten wach.

Lobe den HERRN, meine Seele, und vergiss nicht, was er dir Gutes getan hat! — Psalm 103,2

Gott hat uns ausdrücklich dazu aufgerufen, nicht zu vergessen, weil er weiß, dass es dazu kommen wird, wenn wir uns nicht bewusst dafür entscheiden, uns zu erinnern. Genau deshalb hat der Herr die verschiedenen Feste in der Bibel eingeführt, wie das Abendmahl, das Passahfest und andere besondere Feste. Deshalb hat das Volk Israel auch Gedenksteine und Steinhaufen errichtet. Sie sollten das Volk durch die damit verbundene Erinnerung aufrütteln.

Ohne Gedächtnis funktionierst du nicht

Dein Gedächtnis ist eines der mächtigsten Instrumente, die du hast.

Nur wenige Wochen nach ihrer Hochzeit hatten ein Mann und seine Frau einen Autounfall. Die Frau saß am Steuer und der Mann schlief auf dem Rücksitz. Er überlebte relativ unverletzt, aber sie wäre fast gestorben. Obwohl sie es überlebte und sich erholte, verlor sie die letzten zwölf Monate ihrer Erinnerung. Sie erinnerte sich an ihre Eltern, ihren Namen und an alles, was sie bis zu einem Jahr vor dem Unfall wusste, doch alles, was danach kam, war gelöscht.

In den vergangenen zwölf Monaten hatte sie ihren Mann kennengelernt, sich in ihn verliebt und ihn geheiratet. Obwohl sie sich nicht an ihn erinnerte, sagte ihr jeder, dass dieser Mann ihr Ehemann sei. Sie ging mit ihm nach Hause, aber sie erinnerte sich nicht an ihn. Sie versuchte, eine körperliche Beziehung mit ihm zu führen, aber sie kam einfach nicht damit klar. Schließlich mussten sie sich trennen, ihre Wohngemeinschaft auflösen und mit dem Kennenlernen von neuem beginnen. Ohne ihr Gedächtnis hatte diese Frau die Beziehung zu ihrem Mann einfach nicht aufrechterhalten können.

Stell dir nur vor, was es für dein Leben bedeuten würde, wenn du dich nicht erinnern könntest. Was würde es mit deiner Ehe, deinen Kindern, deiner Arbeit und deinem Gemeindeleben machen? Ohne Erinnerung funktioniert man nicht richtig, und doch halten es nur wenige Menschen für wichtig, sich an die Güte Gottes zu erinnern.

Vergiss niemals!

Um das, was Gott in deinem Leben tut, zu bewahren, musst du ein dankbarer Mensch sein. Du musst immer wieder deine Siege und die Begegnungen mit ihm Revue passieren lassen.

Für manche Christen ist jeder Tag ein komplett neues Kapitel ohne Vorgeschichte. Wenn sie morgens aufstehen, wissen sie nicht mit Gewissheit, ob sie am Abend des Tages Gott noch dienen werden oder nicht. Für sie hängt es einfach davon ab, wie der Tag verläuft. Sie wollen sich nicht von Gott distanzieren, sie wollen ihm schon treu bleiben, aber sie können nicht garantieren, dass sie es auch schaffen – Gott bewahre sie davor, in eine heikle Situation zu geraten, denn sie wüssten im Vorhinein nicht, wie sie tatsächlich handeln würden.

Mein Leben ist das genaue Gegenteil. Ich kann wahrheitsgemäß sagen, dass ich mich seit dem 23. März 1968 fast jeden Tag daran erinnert habe, was Gott in meinem Leben getan hat. Ich bin ein dankbarer Mensch! Ich danke dem Herrn ständig. Ich halte mich selbst dazu an, die Erinnerung an den Moment, in dem Gott mein Leben berührt hat, wachzuhalten, und habe dieses Ereignis deshalb nie vergessen.

Erinnere dich an die Grube

Hört mir zu, ihr, die ihr der Gerechtigkeit nachjagt, ihr, die ihr den HERRN sucht; seht auf den Felsen, in den ihr gehauen seid, und auf die Grube, aus der ihr gegraben wurdet. — Jesaja 51,1 KJV

So wie du auf den Herrn blickst und deine Stellung in ihm siehst, musst du dich auch an die Grube erinnern, aus der du gekrochen bist. Wenn du das tätest, würde es dein Handeln verändern. Würde Satan eines Tages ankommen und versuchen, mich unter Druck zu setzen, damit ich Gott verleugne, könnte ich es nicht tun. Warum nicht? Weil ich eine Vergangenheit habe. Ich bin seit fast fünf Jahrzehnten wiedergeboren und habe vierzig Jahre lang von ganzem Herzen mit Gott gelebt, und das ist in meine Gedanken und mein Leben eingeflossen. Mich könnte niemand dazu bringen, den Herrn zu verleugnen. Er ist jetzt schon so lange ein wichtiger Teil meines Lebens. Es gibt jedoch Menschen, die morgens aufwachen und alles vergessen haben, was der Herr für sie getan hat.

Ich weiß noch, wo ich war, als Gott mein Leben berührte. Es war ein derart einschneidendes und wichtiges Erlebnis, dass es mit nichts vergleichbar ist. Es gibt nichts, was mich in Versuchung bringen könnte, mich jemals von Gott abzuwenden. Natürlich bin ich zu allem in der Lage, wozu auch jeder andere fähig ist, aber nicht jetzt und nicht heute. Mein Herz ist auf Gott ausgerichtet und ich gehe meine Siege in Gedanken immer wieder durch. Ich preise Gott und danke ihm!

Ich weiß nicht, für wie lange ich mich vom Herrn abwenden müsste – sechs Monate, ein Jahr, zwei oder drei Jahre –, um diese Erinnerungen und meine Begeisterung für den Herrn verblassen zu lassen. Irgendwann wäre ich fähig, gewisse Dinge zu tun, aber nicht in meinem heutigen Zustand. Du könntest mich heute nicht dazu bringen, mich gegen Gott zu wenden und beispielsweise Ehebruch zu begehen. Warum? Weil ich Gott liebe und nie vergesse, was er für mich getan hat.

Verherrlichst du Gott, indem du dich daran erinnerst, was er schon alles für dich getan hat, und ihm dankbar dafür bist? Oder stolperst du nur so vor dich hin und hoffst, dass der Teufel dir keine Versuchung vor die Füße wirft, weil du keine Ahnung hast, ob sie dich zu Fall bringen wird? Erlebte Siege immer wieder Revue passieren zu lassen und dankbar zu sein, hat mächtige Auswirkungen.

KAPITEL 8

Von der Erinnerung aufgeweckt

Die Erinnerung ist eine solch mächtige Kraft, dass Petrus sie in seinem zweiten Brief dreimal erwähnt:

> *Darum will ich es nicht versäumen, euch stets an diese Dinge zu erinnern, obwohl ihr sie kennt und in der [bei euch] vorhandenen Wahrheit fest gegründet seid. Ich halte es aber für richtig, solange ich in diesem [Leibes-]Zelt bin, euch aufzuwecken, indem ich euch erinnere. — 2. Petrus 1,12–13*

> *Ich will aber dafür Sorge tragen, dass ihr euch auch nach meinem Abschied jederzeit diese Dinge in Erinnerung rufen könnt. — 2. Petrus 1,15*

> *Geliebte, dies ist nun schon der zweite Brief, den ich euch schreibe, um durch Erinnerung eure lautere Gesinnung aufzuwecken. — 2. Petrus 3,1*

Wenn du dich nicht immer wieder motivierst, liegst du irgendwann am Boden. Deshalb blicke zurück und erinnere dich. Ich wette, Gott hat dir mehr als einmal den Allerwertesten gerettet. Wenn du dich einfach mal hinsetzen und darüber nachdenken würdest, wie gut der Herr zu dir gewesen ist, würde sich deine ganze Einstellung zum Besseren wandeln. Falls du gerade fragst:

»Gott, wo bist du? Liebst du mich?«, dann schau zurück und denk über all die großartigen Dinge nach, die der Herr schon für dich getan hat.

Er bewahrt die Einfältigen

Als ich einmal in Florida war, unterhielt ich mich mit einigen Pastoren. Wir scherzten ein wenig herum und tauschten dabei auch Erfahrungen aus. Ich erzählte ihnen von einer Situation, bei der ich einmal zusammen mit einem anderen Mann in einem winzig kleinen Flugzeug saß. Das Flugzeug war so klein, dass sich unsere Schultern berührten und wir mit der anderen Schulter auch jeweils ans Kabinenfenster stießen. Das Flugzeug bewegte sich auf und ab wie eine Achterbahn, sackte mal um rund 300 Meter ab und flog fast in Seitenlage. Es war ein einziges Chaos.

Schließlich schlug dieser »Pilot« die Hände vors Gesicht und schrie: »Mein Gott, wir werden sterben! Wir werden sterben!« Dann rollte er sich schützend in seinem Sitz zusammen, und da saß ich nun mit ihm in diesem Flugzeug. Ich hielt also mit einer Hand das Steuer fest und schüttelte ihn mit der anderen. Ich sagte: »Gott hat mich nicht Vietnam überleben lassen, damit ich jetzt in Ihrem Flugzeug sterbe!« Ich musste das Ding über eine Stunde lang steuern.

Wir flogen über den Alamogordo Schießübungsplatz. Per Funk wurde uns angekündigt, dass man uns abschießen wolle. Ich sagte denen dort: »Hey, der Pilot ist komplett durchgedreht! Habt Nachsicht mit mir. Ich verschwinde von hier, so schnell ich kann.« Vom Tower kam keine Antwort mehr. Wahrscheinlich haben sie vor lauter Lachen kein Wort mehr herausgebracht!

Bei einer anderen Gelegenheit rollte ein Felsbrocken von fast einem Meter Durchmesser und rund einer Tonne Gewicht über meinen Arm und Kopf. Ich sprang sofort auf, rief den Namen Jesu und schrie: »Ich bin geheilt! Ich bin geheilt!« Etwa dreißig Sekunden später hielt ich inne, sah nach und stellte fest, dass alles funktionierte. Gott sei gelobt! Also habe ich dort einen Gedenkstein errichtet, auf dem steht: »25. August 1999. Jesus rettete mein Leben, als dieser Felsbrocken über meine Hand, meinen Arm und meinen Kopf rollte. Psalm 116,6.« In diesem Vers (KJV) steht:

Der HERR bewahrt die Einfältigen: Ich war am Boden, und er half mir.

Jedes Mal, wenn ich an dieser Stelle auf unserem Grundstück vorbeigehe, sehe ich den Gedenkstein und danke Gott.

Mehrfach dem Tod entronnen

Während diese Pastoren und ich unsere Geschichten austauschten, kam ich auf über dreißig verschiedene Situationen, die für mich hätten tödlich enden können. Bei einer solchen Begebenheit rettete mein Bruder mich um elf Uhr nachts vom Grund eines Hotelschwimmbads. Ich war bewusstlos geworden, als ich bei dem Versuch, einen Salto zu machen, mit dem Kopf auf dem Sprungbrett aufschlug. Mein Bruder bekam mit, was passiert war, und rettete mir das Leben. Ein anderes Mal rutschte ich vom Rand einer 300 Meter hohen Klippe und mein Bruder bekam mich gerade noch zu fassen.

Mich in dem Moment an all diese Dinge zu erinnern, hat mich zutiefst bewegt. Ich sagte zum Herrn: »Vater, du verfolgst ein bestimmtes Ziel mit meinem Leben, und du bist noch nicht mit mir fertig. Es gibt einen Grund dafür, dass ich heute am Leben bin – ich preise deinen wunderbaren Namen.« Obwohl das Gespräch mit diesen Pastoren jetzt schon mehr als ein Jahr her ist, bin ich immer noch ganz überwältigt, wenn ich an die Güte und Gnade Gottes in meinem Leben denke.

Gott ist für uns ein Gott der Rettung, und GOTT, der Herr, hat Auswege aus dem Tod. — Psalm 68,21

Ich wette, Gott hat dir schon oft das Leben gerettet, aber du hast es vergessen. Jetzt, da ich deinem Gedächtnis auf die Sprünge geholfen habe, kommen dir diese Momente wieder in den Sinn. Wenn du diese Siege einfach Revue passieren lassen und an Gottes Güte denken würdest, kämst du vermutlich nicht einmal bis zur Hälfte, bevor du Freudensprünge bis zur Decke machen würdest. Die Entmutigung würde einfach verschwinden.

Wenn du deprimiert bist, hast du einfach nicht darüber nachgedacht, was Gott für dich getan hat. Stattdessen denkst du darüber nach, was der Teufel dir antut. Du konzentrierst dich nicht auf die vor dir liegende Freude. Du sagst nicht: »Wenn ich sterbe, werde ich zum Herrn gehen. Wenn ich hier arm bin, habe ich trotzdem ein Haus im Himmel an Straßen aus Gold.« Du betrachtest nur deine gegenwärtige Situation. Du kannst nicht deprimiert sein, wenn du nicht zuerst deine Augen von Jesus und dem, was er getan hat, abwendest und seine in der Vergangenheit erwiesene Güte und auch den für die Zukunft versprochenen Segen vergisst. Du hast einfach alles Gute vergessen.

Wenn du unbedingt deprimiert sein willst, gibt es reichlich deprimierende Dinge, an die du denken kannst. Aber wenn du die Dinge richtig betrachtest, dankbar bist und dich an Gottes Güte erinnerst, hast du keinen Grund, entmutigt zu sein. Du wirst eine Einstellung bekommen, die dich sagen lässt: »Es ist egal, was von außen betrachtet passiert, Gott in mir ist größer und stärker!«

Das Vakuum im Inneren

Ich erinnere mich an ein wissenschaftliches Experiment, das unser Schullehrer in der sechsten Klasse durchführte. Er stellte einen kleinen Benzinkanister aus Metall auf einen Bunsenbrenner und erhitzte ihn. Sobald der Kanister heiß war, schraubte er den Deckel wieder fest auf. Er stellte den Kanister auf sein Lehrerpult und unterrichtete einfach weiter. Als die Luft im Kanister abkühlte, bildete sich ein Vakuum. Da ich ganz vorne saß, konnte ich diesen Kanister genau beobachten. Ich erinnere mich noch lebhaft an die knisternden und knackenden Geräusche, die er machte. Dann, plötzlich – ohne dass ihn jemand berührt hätte – wurde er zerdrückt. Für mich sah er aus, als hätte jemand mit einem Vorschlaghammer auf ihn eingeschlagen. Der Kanister fiel zu Boden und zog sich immer mehr zusammen. Ich verfolgte das ganze Geschehen. Niemand hat das Ding angefasst. Ursache war nur der natürliche atmosphärische Druck, der auf einen leeren Kanister wirkte.

Es ist das innere Vakuum – nicht der äußere Druck –, das Menschen heute erdrückt. Unter normalen Umständen hätte der Innendruck des Kanisters dem Druck von außen problemlos standhalten können. Der fehlende Druck im Inneren führte jedoch dazu, dass der normale atmosphärische Druck den Kanister zerstörte. Manche Leute können beispielsweise mit dem Druck in ihrer Ehe einfach nicht umgehen. Sie reden gerne darüber, wie schlimm es ist, betonen stark den Druck, unter dem sie stehen, und sagen: »Niemand weiß, wie schwer ich es habe. Niemand kennt meinen Kummer.« Dann hören sie irgendwelche Songs, in denen Leute davon singen, wie furchtbar schlecht es ihnen gehe und dass sie keiner verstehe, und fühlen sich dadurch bestätigt.

Solange der Teufel dir das Gefühl vermitteln kann, dass niemand sonst jemals in deiner Situation war, spielt alles andere keine Rolle. Ich könnte mir den Mund fusselig predigen und dir alles erzählen, was ich weiß, aber du würdest immer noch dasitzen und sagen: »Ich glaub ja, dass es wahr ist, aber bei mir wird das nicht funktionieren.«

Keine Versuchung hat euch ergriffen als nur eine menschliche. — 1. Korinther 10,13 ELB

Solche Versuchungen wie die, mit denen du konfrontiert bist, kennt jeder. Wir alle haben die gleichen Probleme. Sie mögen in unterschiedlichen Gewändern daherkommen, aber im Kern geht es ums Gleiche. Der Teufel hat keine endlose Menge an Tricks auf Lager. Er kennt nur einige wenige Maschen, die er immer wieder neu verpackt und bei uns allen anwendet. Jedoch in dem Moment, in dem du sagst: »Nur mir geht es so«, bist du auf eine Lüge hereingefallen und hast dich von der Antwort auf dein Problem selbst ausgeschlossen.

Du bist keinem Druck ausgesetzt, der über Gottes Fähigkeit hinausginge. Dein inneres Vakuum ist das Problem – die Tatsache, dass du Gott nicht verherrlichst, deine vergangenen Siege nicht immer wieder wachrufst und nicht dankbar bist. Du nutzt nicht deinen Verstand, um dich daran zu erinnern, was Gott gesagt und getan hat.

Sei dankbar

Wenn du an Gott denken würdest, fändest du deine Situation gar nicht so schlimm. Erinnere dich an den Moment, als du wiedergeboren wurdest. Woraus hat der Herr dich gerettet? Erinnere dich an die Freude und den Frieden, die dein ganzes Wesen durchflutet haben. Welche Vision hat er in dein Herz gelegt? Welche Worte hat er zu dir gesprochen? Dann erinnere dich hieran:

> *Geht ein zu seinen Toren mit Danken, zu seinen Vorhöfen mit Loben; dankt ihm, preist seinen Namen! Denn der HERR ist gut; seine Gnade währt ewiglich und seine Treue von Geschlecht zu Geschlecht. — Psalm 100,4–5*

Selbst wenn du denkst, deine Situation sei so schlimm, dass sie dir Grund gebe, dich zu beklagen und zu beschweren, solltest du mit Danksagung in seine Tore und mit Lobpreis in seine Höfe eintreten. Für jede fünf Minuten, die du mit Jammern verbringst, solltest du weitere zehn Minuten damit verbringen, Gott für seine Güte zu danken. Wenn du das tust, wirst du feststellen, dass dein Murren mit der Zeit immer mehr nachlässt, bis du die Situation schließlich betrachten und sagen kannst: »Das ist doch keine große Sache.«

Ich habe schon erlebt, wie Menschen, die bereits einmal auf übernatürliche Weise von einer unheilbaren Krankheit geheilt worden waren, plötzlich Probleme hatten, ihren Glauben zu aktivieren, wenn sie an einem grippalen Infekt erkrankten und dieser sich als hartnäckig erwies. Diese Leute kommen dann zu mir und sagen Sachen wie: »Wenn Gott mich nicht von dieser Erkältung heilen kann, dann muss ich mich eben damit abfinden.« Ich möchte ihnen dann am liebsten auf den Kopf klopfen und sie fragen: »Erinnerst du dich denn nicht mehr, was Gott getan hat? Du bist doch schon mal geheilt worden, hast es aber scheinbar vergessen. Und jetzt siehst du alles aus einer völlig falschen Perspektive.«

Niemand hat das Recht, sich zu beschweren und zu jammern. Keiner wird je vor dem Herrn stehen und zu ihm sagen müssen: »Gott, du hast mich im Stich gelassen.« Werde nicht müde und kraftlos. Bewahre dir deinen Glauben und deine Begeisterung. Sei ein guter Empfänger.

Unsere Bedrängnis ist leicht

Darum lassen wir uns nicht entmutigen; sondern wenn auch unser äußerer Mensch zugrunde geht, so wird doch der innere Tag für Tag erneuert. — 2. Korinther 4,16

Paulus behauptete nicht, dass er keine Probleme habe. Er sagte: »Äußerlich werde ich aufgerieben. Diese Umstände und Situationen sind ein ständiger Teil meines Lebens. Innerlich jedoch werde ich tagtäglich erneuert.«

Denn unsere Bedrängnis, die schnell vorübergehend und leicht ist … — 2. Korinther 4,17

Viele denken bei diesem Vers: *Nun ja, Paulus bezeichnet seine Bedrängnis als leicht. Ich hingegen bin in sehr großer Bedrängnis. Was du da sagst, kann ich daher weder nachvollziehen noch akzeptieren.* Tatsächlich aber erlebte Paulus ein paar extrem harte Situationen. Werfen wir einen Blick auf einige seiner »leichten« Bedrängnisse.

Ich ertrug mehr Mühsal, war häufiger im Gefängnis, wurde mehr geschlagen, war oft in Todesgefahr. Fünfmal erhielt ich von Juden die vierzig Hiebe weniger einen; dreimal wurde ich ausgepeitscht, einmal gesteinigt, dreimal erlitt ich Schiffbruch, eine Nacht und einen Tag trieb ich auf hoher See. Ich war oft auf Reisen, gefährdet durch Flüsse, gefährdet durch Räuber, gefährdet durch das eigene Volk, gefährdet durch Heiden, gefährdet in der Stadt, gefährdet in der Wüste, gefährdet auf dem Meer, gefährdet durch falsche Brüder. Ich erduldete Mühsal und Plage, viele durchwachte Nächte, Hunger und Durst, häufiges Fasten, Kälte und Nacktheit. Um von allem andern zu schweigen, dem täglichen Andrang zu mir und der Sorge für alle Gemeinden. — 2. Korinther 11,23–28 EÜ

Kein Recht auf Beschwerde

Es kamen aber aus Antiochia und Ikonium Juden herbei; die überredeten die Volksmenge und steinigten Paulus und schleiften ihn vor die Stadt hinaus in der Meinung, er sei gestorben. Doch als ihn die Jünger umringten, stand er auf und ging in die Stadt. Und am folgenden Tag zog er mit Barnabas fort nach Derbe. — Apostelgeschichte 14,19–20

Wenn die Juden jemanden steinigten, hörten sie nicht auf, bis sie sicher waren, dass die Person tot war. Es ist also sehr wahrscheinlich, dass Paulus von den Toten auferstanden ist. Dies waren nur einige seiner »leichten« Bedrängnisse!

Paulus' Bedrängnisse waren hinsichtlich der Menge und Intensität viel schlimmer als alles, was du je erlebt hast. Wenn er sagen konnte: »Meine Bedrängnisse sind leicht«, dann hast du kein

Recht zu klagen und zu jammern. Deine Probleme reichen nicht einmal annähernd an das heran, was Paulus durchgemacht hat.

Preis dem Herrn

Nachdem in Hebräer 12,2 aufgezeigt wird, dass Jesus die Schmach des Kreuzes als unbedeutend ansah, sagt die Bibel weiter:

Gedenkt an den, der so viel Widerspruch … erduldet hat, dass ihr nicht matt werdet und den Mut nicht sinken lasst. Ihr habt noch nicht bis aufs Blut widerstanden im Kampf gegen die Sünde — Hebräer 12,3–4 EÜ

Bedenke, was Jesus für dich erlitten hat. Solange du nicht so viel gelitten hast, dass es dich dein Leben gekostet hätte, hast du kein Recht, dich zu beklagen.

Wenn du am Leben bist, solltest du Gott preisen!

Alles, was Odem hat, lobe den HERRN! — Psalm 150,6

Du solltest Gott danken, anstatt dich zu beklagen und zu beschweren.

»Aber Andrew, du kennst meine Situation nicht.« Darum geht's nicht! Du schätzt die Dinge einfach anders ein, als Gott es tut. Für dich haben deine Probleme, Verletzungen und Schmerzen große Wichtigkeit. Aber die Wahrheit ist, dass du keinen echten Grund hast, dich zu beklagen, denn das, was Gott dir zur Verfügung stellt, ist bei weitem größer als deine Not.

Denn unsere Bedrängnis, die schnell vorübergehend und leicht ist, verschafft uns eine ewige und über alle Maßen gewichtige Herrlichkeit. — 2. Korinther 4,17

Deine Bedrängnis ist leicht, weil sie vorübergehend ist. Sie dauert nur einen Moment an. Wenn du denkst, dein Leben sei trostlos, fehlt dir ein guter Bezugspunkt. Du vergleichst dich mit deinen Nachbarn oder orientierst dich an dem verzerrten Bild der Realität, wie es dir in den Medien präsentiert wird. Wenn du diese Dinge als Maßstab nimmst, führt das zu innerer Unzufriedenheit. Du brauchst die richtige Perspektive. Rüttle dich wach und erinnere dich an all die Dinge, die der Herr schon getan hat.

KAPITEL 9

Erinnere dich an seine Güte

Jeder hat Grund, Gott zu loben. Wenn du deine Situation dennoch für dermaßen beklagenswert hältst, solltest du sie in die richtige Perspektive rücken und sagen: »Gott sei Dank ist das alles nur vorübergehend!« Ob du nun körperlich, finanziell, emotional oder beziehungsmäßig leidest – was auch immer es ist, so ist es doch zeitlich begrenzt. Wenn du eine Milliarde Jahre in der Ewigkeit verbracht hast, wirst du darauf zurückblicken und denken: »Das war gar nicht so schlimm!« Wenn du deine Umstände im Licht der Ewigkeit betrachtest, ändert das deine Perspektive.

Da wir nicht auf das Sichtbare sehen, sondern auf das Unsichtbare; denn was sichtbar ist, das ist zeitlich; was aber unsichtbar ist, das ist ewig. — 2. Korinther 4,18

Wenn du deprimiert und entmutigt bist und deine Freude verlierst, dann deshalb, weil du nicht auf den Herrn und sein Wort schaust. Wenn die Dinge Gottes in deinem Leben nicht präsent und lebendig sind, schenkst du der unvergänglichen Wirklichkeit nicht genügend Beachtung. Stattdessen ist dir die natürliche Welt wichtiger und physische Dinge zählen mehr für dich. Das ist der Grund für deine Unzufriedenheit.

Depressionen werden nicht einfach durch Gene oder Hormone ausgelöst. Sie sind auch nicht auf ein chemisches Ungleichgewicht zurückzuführen. Zwar kann die Chemie im Gehirn durcheinandergeraten, letztendlich ist aber beides Folge bzw. Nebeneffekt eines falschen Denkverhaltens.[9]

Einer unserer Bibelschüler war manisch-depressiv. Einmal setzte er seine Medikamente ab und rastete komplett aus. Dieser Mann wollte in der darauffolgenden Woche mit uns nach Mexiko aufbrechen, und er vertraute Gott, dass er geheilt sei. Ich sagte zu ihm: »Bruder, ich glaube auch, dass du geheilt bist, aber wir werden nicht zulassen, dass du losläufst in einem fremden Land und jemandem etwas anzutun versuchst. Du willst doch nicht in einem mexikanischen Gefängnis landen. Wir werden also mit dir im festen Vertrauen auf Gott glauben, damit sich deine Heilung manifestiert, und so lange es dir gut geht, unterstützen wir dich. Aber wenn du anfängst, auszurasten, musst du deine Medizin nehmen. Weil wir dich lieben, werden wir dafür sorgen, dass du die richtige Dosis bekommst, damit du dich beruhigst und wir dich sicher zurück in die Staaten bringen können.«

Das chemische Ungleichgewicht dieses Mannes war nicht die Ursache seiner Depression. Der Grund lag in seiner Negativität und seiner Neigung, sich auf die falschen Dinge zu konzentrieren.

Bring dein Denken in Ordnung

Deine Gefühle wirken sich auf deinen Körper aus. Sie verursachen Falten in deinem Gesicht und lassen dein Haar ergrauen. Die schottische Königin Maria Stuart war eigentlich ein Rotschopf. Doch die Angst ließ ihr Haar von jetzt auf nachher schneeweiß werden. Ärzte versuchen immer nur festzustellen, was in deinem Körper physisch passiert, um dir Abhilfe zu verschaffen – dabei reagiert dein Körper einfach nur auf dich und deinen Kopf.

Denn fleischlich gesinnt sein ist der Tod.
— Römer 8,6 LUT

Eine fleischliche Gesinnung schadet deinem Körper.

Doch geistlich gesinnt sein ist Leben und Friede.
— Römer 8,6 LUT

Wenn du kein Leben und keinen Frieden erfährst, dann liegt das an deiner fleischlichen Gesinnung.

Die mit einem festen Sinn umgibst du mit Frieden, weil sie ihr Vertrauen auf dich setzen! — Jesaja 26,3 NLB

Innerer Frieden hängt mit den Gedanken zusammen. Deine Emotionen sind abhängig von deinen Gedanken, nicht von deinen Hormonen. Wenn es nur von den Umständen abhinge, wie man sich fühlt, dann würde sich jeder, der in schwierigen Verhältnissen lebt, immer schlecht fühlen. Aber so ist es nicht. Es gibt Menschen, denen es bestimmt viel schlechter geht als dir, die sich aber trotzdem freuen und den Herrn preisen.

Gemessen an Gott und seiner auf die Ewigkeit ausgerichteten Sichtweise sind alle unsere Probleme klein. Er sitzt nicht händeringend da oben im Himmel und sagt: »O nein, was soll ich bloß machen?!« Er ist weder aufgebracht noch besorgt. Gott ist von unseren »Problemen« nicht überfordert. Sie sind nichts im Vergleich zu dem, was er bereits durch seinen Sohn für uns getan hat. Wir müssen uns Gottes Haltung aneignen und anfangen, die Dinge mithilfe seines Wortes aus seiner Perspektive zu sehen.

Sei einfach dankbar und erinnere dich an seine Güte. Studiere Gottes Umgang mit den Kindern Israels, insbesondere in der Zeit, als sie aus Ägypten auszogen und auf dem Weg ins verheißene Land waren. In Psalm 106 werden in den Versen 7, 13 und 21 gleich drei verschiedene Fälle genannt, in denen sie seine mächtigen Taten vergaßen und schließlich in Schwierigkeiten gerieten.

Wenn du immer an die Güte Gottes denkst, kannst du nicht scheitern. Sich des Herrn zu erinnern hat große Wirkung. Wenn du Gott nie aus deinem Bewusstsein weichen lässt, wird das dein ganzes Leben verändern.

Gib acht auf Herz und Verstand

Das ist so simpel, dass man es ohne fremde Hilfe gar nicht falsch verstehen kann. Gott hat nichts kompliziert gemacht. Unser Lebensstil, unsere Gesellschaft und unser Wertesystem haben die Dinge verkompliziert. Wir haben Dinge auf einen Sockel gestellt, die für Gott verachtenswert sind. Wir himmeln Filmstars und Musiker an, die Sünde glorifizieren und sie als erstrebenswert anpreisen. Die Klatschpresse beschäftigt sich eingehend mit ihrem Leben und erzählt uns bis ins kleinste Detail alles über diese »ganz fantastischen« Menschen. Gott ist nicht beeindruckt, wenn sie Oscars, Emmys oder Grammys für die Darstellung bzw. Schilderung von Ehebruch, Mord, Lügen und Diebstahl in ihren Filmen oder ihrer Musik gewinnen. Er hat völlig andere Werte als wir.

Der Himmel bleibt am Superbowl-Sonntag nicht geschlossen, damit alle das Spiel sehen können. Das ist keine so große Sache, wie manche meinen. Es spricht nichts dagegen, wenn du dir gerne den Super Bowl ansiehst. Doch wenn es dir wichtiger ist, Menschen dabei zuzusehen, wie sie einen kleinen Lederball kreuz und quer über ein Spielfeld treten und werfen und dabei andere Menschen verletzen, als in die Kirche zu gehen und etwas über die Dinge

Gottes zu erfahren, dann stimmt etwas mit deinem Denken nicht. Wenn du lieber jede Woche »deine Mannschaft« sehen willst, anstatt dich mit Gott zu beschäftigen, hast du ein paar ernsthafte Probleme.

Du wirst immer auf deinen dominanten Gedanken reagieren. Du bist, was du denkst, und wenn du an all diese anderen Dinge denkst, wird es dich in deren Richtung ziehen. Du musst daher ganz bewusst auf dein Herz und deinen Verstand achtgeben. Wenn alle anderen vor diesen Leuten auf die Knie fallen und sagen: »Die sind einfach großartig. Seht euch nur ihren Reichtum an. Und oh, wie toll sie aussehen!«, wirst du Entschlossenheit brauchen, um sagen zu können: »Vater, ich weiß, dass du die Dinge nicht so siehst. All das ist nicht wichtig für dich.« Gott hat von Reichtum und Schönheit ein anderes Bild als wir.

Das ist besonders wichtig, wenn man wie ich im Dienst steht. Ich kenne Menschen, die heute tot wären, wenn ich nicht für sie gebetet hätte. Andere wären jetzt in der Hölle, wenn ich ihnen nicht das Evangelium verkündigt hätte. Kürzlich schrieb mir eine Frau, dass einer ihrer Söhne im Gefängnis mein Lehrmaterial erhalten habe. Er wurde wiedergeboren und Gott krempelte sein Leben aufgrund dieser Lehre völlig um. Auch wenn er inzwischen verstorben ist, sei ihr Sohn zum ersten Mal in seinem Leben richtig glücklich gewesen, erzählte mir diese dankbare Mutter. Wenn man regelmäßig solche guten Berichte hört, ist man versucht, seine Wertvorstellungen zu ändern und zu denken: »Gott, da habe ich ja wirklich was geleistet. Ich bin schon etwas Besonderes!«

Genau dann ist es besonders wichtig, sich zu erinnern. In der Highschool war ich immer der linkische Laufbursche für alle. Ich war so verschämt und schüchtern, dass ich niemandem ins Gesicht schauen und mit ihm reden konnte. Ich war schrecklich introvertiert und brachte nichts auf die Reihe. Ich war völlig planlos.

Deine Erinnerungen sorgen dafür, dass du nicht abhebst. Sie verhindern, dass dir Lob und Anerkennung zu Kopf steigen, und sie bewahren dich davor, mitten im Kampf schwach zu werden.

Don Francisco, ein guter Freund von mir, erzählte einmal, dass er als Kind stotterte. Bei einer Gelegenheit ließ ihn sein Lehrer vor der ganzen Klasse aufstehen und ein Gedicht vortragen. Er brauchte fünfundvierzig Minuten und bekam nur zwei Sätze heraus. Und heute singt er diese kraftvollen, gesalbten Lieder, wobei die Worte nur so aus ihm herausströmen, und er erhält großen Beifall und Lob. Aber Don vergisst nicht, dass es Gottes Werk ist, und nicht sein eigenes.

Bob Nichols ist ein weiterer guter Freund von mir. Seine Tochter ist nun schon seit vielen Jahren im Wachkoma. Eigentlich dachten die Ärzte gar nicht, dass sie überleben würde. Ich war dabei, als die Ärzte hereinkamen und sagten: »Bruder Nichols, Sie wissen, dass sie tot ist. Lassen Sie uns die Schläuche entfernen.« Man hatte bei ihr einen Luftröhrenschnitt gemacht. Ihr Gewicht lag früher bei etwa 60 Kilo. Doch nun wog sie nur noch knapp die Hälfte. Wie sie dort in ihrem Krankenbett lag, sah sie nicht mehr wie ein Mensch aus. Ich hatte noch nie jemanden gesehen, der so schlecht aussah und trotzdem noch lebte. Es kostete mich all meinen Glauben, um nicht vor Bob und Joy meinen Zweifel zu bekennen.

Als die Ärzte Bob bedrängten, wurde er nicht wütend und beschimpfte sie auch nicht. Er baute sich nicht vor ihnen auf und brüllte sie an. Er sagte nur: »Nein, das ist es nicht, was wir uns im Glauben erwarten«, und machte einfach weiter. Seine Tochter ist jetzt wieder zu Hause und kann sogar mit einer Gehhilfe aufstehen und umherlaufen. Den Befunden nach ist sie immer noch in keinem vollbewussten Zustand. Sie spricht nicht, aber sie drückt einem die Hand. Die Lichter sind wieder an – gepriesen sei Gott! Obwohl sie Fortschritte sehen, haben die Nichols schon länger mit dieser Situation gekämpft, als die meisten Menschen es ertragen könnten.

Als ich diese Botschaft auf einer Pastorenkonferenz verkündete und betonte, dass Gott gut ist und niemand das Recht habe, sich zu beschweren, stand Bob in der ersten Reihe auf und erklärte: »Ich bin still geblieben, solange ich konnte. Aber jetzt halte ich es nicht mehr aus.« Dann rannte er los, hüpfte umher und rief: »O Gott, du bist so gut. Ich liebe dich!« Er hat Gott aus voller Kehle gepriesen. Er hat die ganze Predigt ruiniert, keiner hörte mir mehr zu. Ein Mann, der mehr gelitten hatte, als wir uns vorstellen können, war so voller Dankbarkeit, dass er es einfach nicht mehr aushielt. Am Ende sank er lobend und dankend zu Boden und betete Gott für seine Güte an. Wenn man dagegen manche von uns betrachtet – schon beim kleinsten Problem wird gejammert und geklagt.

Kein Grund zur Klage

Wir müssen umkehren, Buße tun. Wir müssen sagen: »Vater, vergib mir mein verstocktes Herz. Vergib mir, dass ich auf andere schaue. Dass ich mich mit Mittelmäßigkeit zufriedengebe und höchstens versuche, es ein kleines bisschen besser zu machen. Gott, du bist ein guter Gott. Du hast mich so überaus reich gesegnet. Ich danke dir!« Wenn du wiedergeboren bist, hast du keinen Grund, dich zu beschweren oder zu jammern. Wenn du es nicht bist, hast du genauso wenig Grund dazu, denn Gott, der Allmächtige, ist gestorben, um dich zu retten. Selbst wenn du der einzige lebende Mensch auf der Erde wärst, wäre er gekommen und nur für dich in den Tod gegangen. So sehr liebt er dich, und wenn du das in

Erinnerung behältst, wird dich nichts mehr zum Jammern und Klagen bringen können.

Ich glaube an das volle Evangelium – Rettung, Heilung, Befreiung und Wohlergehen. Aber selbst wenn Gott mich nie wieder heilen, befreien oder in Wohlstand leben lassen würde, wäre die Tatsache, dass er mich liebt, genug, um mich jubeln und seinen Namen preisen zu lassen. Selbst wenn mir in diesem Leben nichts mehr gelingen würde, wäre die Tatsache, dass Gott mich aus der Hölle gerettet hat und ich in den Himmel komme, mehr als ein ausreichender Grund, ihn zu preisen. Er baut ein Haus nur für mich, und ich darf die Ewigkeit mit ihm verbringen. Kein Kummer, kein Schmerz und keine Schmach mehr. Halleluja! Ich habe keinen Grund, mich zu beklagen oder zu beschweren. Ich bin gesegnet.

Ob du es weißt oder nicht, auch du bist gesegnet. Jeder Gläubige ist gesegnet. Die Frage ist: Was ist für dich von Bedeutung? Was steht bei dir im Vordergrund? Worauf ist deine Aufmerksamkeit gerichtet? Wende deine Gedanken von den negativen Dingen dieser Welt ab und richte sie auf die Güte Gottes. Der Herr ist gut zu dir gewesen.

Standhaft bleiben in Zeiten des Widerstands

Eine Frau erzählte mir kürzlich, dass jemand, für den sie gebetet hatte, gestorben sei. Sie sagte: »Ohne bewusst darüber nachzudenken, weiß ich, dass dieser Umstand meine Sicht auf Gott beeinträchtigt hat. Ich war verwirrt, und es hat meinen Glauben erschüttert.«

Auch ich habe das schon durchlebt. Ich hatte schon erfolglos für vier Personen gebetet, die gestorben waren, bevor ich das erste Mal jemanden wiederauferstehen sah. Eine dieser Personen war ein

Mädchen namens Debbie. Ich hatte diesem Mädchen zwar noch keinen Antrag gemacht, dachte aber darüber nach, es zu heiraten. Wir hatten sogar schon kurz darüber gesprochen. Als Debbie schwer erkrankte, sagten ihre Eltern dem Roten Kreuz, dass wir verlobt seien, wodurch ich Sonderurlaub erhielt und von Vietnam nach Hause reisen durfte, um sie zu sehen. Ich war bei ihr, als sie starb. Sie erstickte an ihrem eigenen Blut. Nachdem sie gestorben war, beteten wir mehr als zwei Stunden lang für sie, aber sie kam nicht mehr zurück.

Das hatte Auswirkungen auf mich und jede andere Person, die daran beteiligt war. Sie alle sagten: »Es muss wohl nicht Gottes Wille sein, Menschen zu heilen, denn wenn jemand hätte geheilt werden sollen, dann wohl Debbie.« Obwohl ich genauso verwirrt und verletzt war wie alle anderen, erklärte ich: »Gott, dein Wort sagt, dass wir durch deine Striemen geheilt sind« (1Petr 2,24).

Der Herr hatte ihr sogar eine besondere Verheißung gegeben:

Ich werde nicht sterben, sondern leben und die Taten des HERRN verkünden. — Psalm 118,17

Ich verließ den Raum mit der Feststellung: »Ich verstehe es nicht, aber das hier war nicht Gottes Wille.« Und bis heute denken die damals Beteiligten, dass ich übergeschnappt sei. Obwohl ich keine Antworten hatte und nicht wusste, was vor sich ging, behielt ich diese Haltung bei. Dreieinhalb Jahre lang musste ich mich mit etwas auseinandersetzen, das im Widerspruch zu Gottes Wort stand. Aber ich blieb standhaft und sagte: »Gott, dein Wort sagt es, und ich werde nicht zurückweichen. Es ist wahr, ob ich es sehe oder nicht.« Ich musste es einfach beiseitelegen und meinen Weg mit Gott fortsetzen.

»Herr, dein Wort sagt ...«

Dreieinhalb Jahre später zeigte mir der Herr, warum es so gekommen war. Nachdem ich diese Offenbarung hatte, ging ich zum Haus meiner Nachbarin. Sie hatte genau dasselbe, woran Debbie gestorben war, nämlich Leukämie. Ich betete für sie und sie wurde geheilt. Gott sei gelobt! Seitdem habe ich viele Male erlebt – und erlebe es immer noch –, wie diese Wahrheit Menschen befreit.

Auch ich habe schon einiges durchgemacht, habe dann aber stets das getan, wovon ich hier berichte. Wenn es auch manchmal mit zusammengebissenen Zähnen geschah, sagte ich immer wieder: »Herr, dein Wort sagt ...« Und genau deshalb bin ich immer noch glücklich in Jesus, lebe im Sieg und sehe heute Menschen geheilt.

Ungeachtet der Probleme, Belastungen und Schmerzen, die du hast, kannst du Gott glauben. Es bedarf nicht mehr, als ihn zu preisen. Wertschätze das, was er gesagt und getan hat. Verherrliche ihn, sei dankbar und erinnere dich an seine Güte. So bleibst du von Gott erfüllt.

KAPITEL 10

Die Macht der Vorstellungskraft

Gott lässt seine Freude, seinen Frieden, seine Salbung und seine Heilung nicht kommen und gehen (Röm 11,29) – wir sind diejenigen, die das tun. Gott ist nicht die Variable. Wir sind es. Er ist nicht derjenige, der sich in »Wellen« bewegt. Es ist der Leib Christi, der in Wellen empfängt, was Jesus bereits zur Verfügung gestellt hat. Der Herr ist beständig, aber wir sind es nicht. Er tut nicht für eine Weile »das Eine«, um dann seine Meinung zu ändern und stattdessen »das Andere« zu tun. Alles, wofür Jesus Christus gelebt hat, gestorben und auferstanden ist, steht seit dem Moment, als er sich zur Rechten des Vaters setzte, allezeit für uns bereit.

So wie ein Fernsehsender permanent sein Signal ausstrahlt, so ist auch Gott ständig »auf Sendung«. Ob wir dieses Signal wahrnehmen oder nicht, hängt allerdings von unserem »Empfangsgerät« ab. Ist es angeschlossen, eingeschaltet und auf die richtige Frequenz eingestellt? Ob wir Gottes Versorgung erfahren oder nicht, hängt davon ab, ob wir sie empfangen oder nicht. Wenn nicht, liegt das Problem bei unserem Empfänger, nicht bei Gottes Sender, und es gibt bestimmte Dinge, die wir tun können, um unseren Empfänger in Ordnung zu bringen.

Die große Mehrheit der Gemeinde Christi bittet Gott um Dinge, die er bereits gegeben hat. Wenn du auf diese Weise betest, wirst du am anderen Ende nur Schweigen ernten, denn es gibt nichts, was

Gott tun könnte, was er nicht schon für dich getan hat. Du musst nur lernen, zu empfangen, was er bereits verfügbar gemacht hat.

Nachdem du etwas empfangen hast, musst du es aber auch bewahren. In gewisser Hinsicht ist es wichtiger zu wissen, wie man das Empfangene behält, als überhaupt von Gott berührt zu werden.

Um Beständigkeit zu bewahren und die Dinge Gottes in deinem Herzen frisch und lebendig zu halten, ist der wichtigste Schritt, dass du Gott verherrlichst. Das bedeutet, du musst ihn wertschätzen und preisen. Viele unserer Probleme sind das Ergebnis falscher Wertmaßstäbe. Wir lassen zu, dass andere Dinge in Konkurrenz zu Gott treten und den Platz einnehmen, den allein Gott in unserem Leben haben sollte.

Dein geistlicher Geruch

Der zweite Schlüssel ist, dankbar zu sein. Gottes Wort offenbart, dass wir einen geistlichen Geruch verströmen. Genau um diesen Geruch geht es in 2. Korinther 2,15–16:

> *Denn wir sind für Gott ein Wohlgeruch des Christus unter denen, die gerettet werden, und unter denen, die verlorengehen; den einen ein Geruch des Todes zum Tode, den anderen aber ein Geruch des Lebens zum Leben. Und wer ist hierzu tüchtig?*

Der Lobpreis und die Danksagung der Erlösten – gleich den Opfern im Alten Testament – erzeugen einen geistlichen Duft, der Gott segnet. Doch so wie der Geruch von Mist Fliegen anzieht, so ziehen Jammern und Klagen Dämonen an. Hast du dich schon einmal gefragt, warum dir immer nur Schlechtes zu widerfahren scheint? Vielleicht liegt es daran, dass du ein Nörgler und Jammerer bist. Falls dem so ist, lockst du damit sämtliche Dämonen in deiner Nachbarschaft an. Du musst jemand sein, der Gott lobt und preist.

Lobpreis ist eine der wichtigsten Handlungen in deinem Leben. Du konzentrierst dich dadurch auf das, was der Herr tut. Falls du zu den Menschen gehörst, die zum Negativen neigen, wirst du Gott nicht kontinuierlich preisen. Wenn du also den Entschluss fasst, den Herrn zu loben, musst du gleichzeitig anfangen, die positiven Seiten der Dinge zu sehen. Und warum? Weil nichts Lobenswertes im Negativen liegt. Das zwingt dich dazu, dich auf die Dinge Gottes zu konzentrieren (Phil 4,4–8).

Fälschungen und Missbrauch

Der dritte Schlüssel findet sich in Römer 1,21 (LUT), wo es heißt, dass sie »dem Nichtigen verfallen [sind] in ihren Gedanken«.

Wenn du ein undichtes Gefäß bist, ist eines der größten Lecks, durch das Gott aus dir heraussickert, jenes, dass du Gott nicht verherrlichst. Ihn nicht zu verherrlichen, führt zu Undankbarkeit. Diese beiden Umstände bewirken zusammen, dass deine Gedanken nichtig werden.

Wenn du dich *nichtigen* Gedanken hingibst, bleibst du im Leerlauf und bist unproduktiv. Das heißt nicht, dass deine Vorstellungskraft nicht funktioniert. Du ziehst nur keinen Nutzen aus ihr.

Christen sprechen meist nicht gern über Vorstellungskraft bzw. Imagination. Sie empfinden sie oft als kindisch und sagen: »Nur Kinder träumen und stellen sich Dinge vor. Ich bin ein logisch denkender Mensch und orientiere mich ausschließlich an der Realität.« Sie sind stolz darauf, »Realist« zu sein und nicht ein visionär-imaginativer Mensch. Andere sehen Imagination als etwas, das mit östlichen Religionen verbunden ist – »Begebt euch in den Lotussitz und stellt euch den Weltfrieden vor«. Nur weil etwas missbräuchlich genutzt wird, heißt das nicht, dass wir es komplett ablehnen sollten.

Östliche Religionen machen ja auch von Gebet falschen Gebrauch, aber das bedeutet nicht, dass wir das Beten aufgeben sollten. Satan imitiert lediglich etwas, das an sich echt ist. Allein die Tatsache, dass andere Leute es nachahmen, zeigt, dass es einen echten Wert hat.

Immer aktiv

Deine Vorstellungskraft ist wichtig. Sie ist immer aktiv. Du magst denken: *Ich bin kein Mensch, der herumsitzt und sich Dinge ausmalt*, aber das tust du – und zwar andauernd. So läuft es bei allem ab, was du tust. Du hast keine Wahl, ob deine Vorstellung aktiv ist oder nicht. Du hast nur die Wahl, ob deine Vorstellungskraft zu deinen Gunsten oder zu deinem Schaden wirkt.

Wenn du aufhörst, Gott zu verherrlichen und zu loben, ihn zu preisen und ihm zu danken, wird sich deine Vorstellung automatisch auf negative Dinge konzentrieren. Das lässt sich nicht kontrollieren. Deine Vorstellungswelt ist das zwangsläufige Ergebnis dessen, worauf du dich konzentrierst. Wenn du die Dinge Gottes wirklich wertschätzt – ihn lobst und ihm dankst –, wird deine Vorstellungskraft beginnen, die Dinge in deinem Leben korrekt wahrzunehmen.

Ob du dir dessen bewusst bist oder nicht, dein Verstand bedient sich deiner Vorstellungskraft. Du kannst nicht wirklich etwas dagegen tun. Tatsächlich bedeutet das »Trachten bzw. Sinnen der

Gedanken«, wie wir es in 1. Chronik 28,9 und anderen Stellen des Alten Testaments finden, wörtlich *imaginieren* oder *formen*[10] und im übertragenen Sinn *Empfängnis*.[11] Deine Vorstellungswelt ist der Teil von dir, in dem du Dinge empfängst.

Wenn du keine Imagination hättest, wärst du völlig unkreativ. Genau wie ein Tier müsstest du trainiert werden und Dinge durch Wiederholung lernen. Aber eines der Merkmale, das Menschen von Tieren unterscheidet, ist unsere Vorstellungskraft. Sie ist ein mächtiger Teil dessen, was wir sind.

Ob du es erkennst oder nicht, deine Vorstellung ist der Teil von dir, der alles empfängt. Bevor du etwas in die Tat umsetzen kannst, musst du erst eine Vorstellung davon bekommen. Wenn du es nicht mithilfe deiner Vorstellungskraft sehen kannst, dann kannst du es auch nicht ausführen.

Wir denken in Bildern

Aus diesem Grund verwenden Baumeister Baupläne. Nicht umsonst heißt es: »Ein Bild sagt mehr als tausend Worte.« Deine Vorstellungskraft ist der Teil von dir, der die Dinge in deinem Leben zum Laufen bringt und am Laufen hält. Sie ist deine Fähigkeit, etwas vor deinem inneren Auge zu sehen, ohne es mit deinen physischen Augen sehen zu müssen. Menschen denken in Bildern.

Könnte ich dir jetzt das Wort »Hund« ins Ohr flüstern, würdest du nicht einfach nur die Buchstaben H-U-N-D sehen. Du hättest das Bild eines Hundes vor Augen. Es würde vermutlich einem Hund gleichen, den du früher einmal besessen hast oder mit dem du schon mal zu tun hattest. In diesem Moment schaust du nicht auf ein Tier, sondern in dieses Buch, aber in deinem Kopf hast du das Bild eines Hundes.

Mit meinen Worten kann ich das Bild in deinem Kopf verändern. Du denkst vielleicht an einen Pudel oder einen Chihuahua, aber ich sage jetzt »großer Hund«, und sofort verändert sich das Bild. Ich sage »großer, schwarzer Hund«, und das Bild verändert sich erneut. Wenn ich jetzt »großer, schwarzer, böser Hund« sage, wird es sich ein weiteres Mal verändern. Und jetzt: »Großer, schwarzer, gemeiner Hund mit fiesen Zähnen« – verstehst du, was ich meine? Du denkst in Bildern, und ich kann diese Bilder mit meinen Worten beeinflussen.

Wie sah das Haus aus, in dem du aufgewachsen bist? Vielleicht bist du ja schon mehrmals umgezogen und hast verschiedene Wohnsitze im Kopf. Aber wenn du hauptsächlich an einem Ort gelebt hast, wird dir das Bild von diesem Haus oder dieser Wohnung in den Sinn kommen. Wenn ich dich fragen würde: »Wo war das Badezimmer? Wie viele Zimmer gab es?«, würdest du dir das Bild in deinem Kopf ansehen und würdest nachzählen. Du hast diese Informationen nicht als Fakten abgespeichert, sondern als Bilder. Und deine Vorstellungskraft ruft sie ab.

Ohne deine Vorstellungskraft kannst du rein gar nichts tun. Wenn ich dich fragen würde: »Wie komme ich zum Flughafen?«, würdest du den Weg in etwa so beschreiben: »An der nächsten Kreuzung rechts abbiegen, dann bis zur zweiten Ampel. Dort links abbiegen und auf die Autobahn fahren. Danach die dritte Ausfahrt nehmen und knapp zwei Kilometer der Ausschilderung bis zum Flughafen folgen, der auf der rechten Seite liegt.« Wie kämst du zu dieser Wegbeschreibung? Du hättest diese Information nicht einfach abgespeichert und würdest sie abrufen. Du würdest dir den Weg vorstellen und mir dann beschreiben, was du gesehen hast. Aber wenn du noch nie am Flughafen gewesen wärst, hättest du mir den Weg dorthin nicht weisen können. Warum nicht? Du hättest ihn dir nicht vorstellen können. So gebraucht man seine Vorstellungskraft.

Falscher Gebrauch

Du benutzt ständig deine Vorstellungskraft. Sie ist für das Erfassen und Begreifen von Konzepten zuständig. Ohne sie kann man nichts bauen oder herstellen. Schneiderinnen sind auf ein Schnittmuster angewiesen. Es hilft ihnen, sich das Kleid vorzustellen, das sie anfertigen. Hersteller zeigen in ihren Anleitungen anhand von Bildern, wie man etwas zusammenbaut. Es werden zwar auch Erklärungen gegeben, aber die Bilder, auf denen du siehst, wie das eine Teil mit dem anderen zusammenpasst und wie das Endprodukt vervollständigt wird, geben dir eine genaue Vorstellung von dem Ganzen.

Deine Vorstellungskraft ist der kreative, der schöpferische Teil von dir – deshalb im übertragenen Sinn auch der Begriff »Empfängnis«. Ohne deine Vorstellungskraft gibt es keine Kreativität. Wenn du aber aufhörst, Gott zu verherrlichen und ihm dankbar zu sein, wird deine Vorstellungskraft zwangsläufig gegen dich anstatt für dich arbeiten. Du fängst dann an, negative Dinge zu empfangen und sie dir vorzustellen. Angst wird sich bei dir einschleichen und du wirst im Unglauben statt im Glauben handeln. Das ist der falsche Gebrauch der Vorstellungskraft.

Wenn der Arzt sagt: »Sie haben Krebs und werden sterben«, dann führt das in deiner Vorstellung sofort dazu, dass du dich in einem Sarg liegen siehst. Falls du jemanden kanntest, der Krebs hatte und daran gestorben ist, wirst du dich selbst in dieser Lage sehen. Deine Vorstellungskraft würde einfach in diese Richtung gehen. Das Traurige ist, dass die meisten Menschen eine sehr negative Vorstellung haben. Deine Vorstellungskraft arbeitet gegen dich, wenn du alle möglichen Zweifel und Ängste, wenn du Unglauben, Besorgnis und Hass in dich hineinlässt.

Frei von spekulativen Mutmaßungen

Eine der neutestamentlichen Qualifikationen eines Ältesten ist es, »nüchtern« zu sein (1Tim 3,2; Tit 1,8). Das wird auch von der Frau als Diakonin oder als Ehefrau eines Diakons verlangt (1Tim 3,11). Hier geht es nicht darum, nicht betrunken zu sein. *Nüchtern* bedeutet wörtlich, frei von spekulativen Vorstellungen zu sein.

Diese Wahrheit hat der Herr mir in meinem Leben überaus deutlich gemacht. Wenn man noch neu im Dienst ist, möchte man von den Leuten gemocht werden. Man will nicht überall, wo man hinkommt, Probleme verursachen. Schließlich will man ja ein Segen sein. Wenn man jedoch nicht aufpasst, kann man in die Falle tappen, den Dienst um der menschlichen Anerkennung willen zu tun, anstatt für den Herrn.

Es gab da ein bestimmtes Ehepaar, das zu allen meinen Veranstaltungen fuhr, wann immer diese in einem 160-Kilometer-Umkreis um ihre Heimatstadt Kansas City stattfanden. Die beiden waren durch meinen Dienst sehr gesegnet und wir waren gute Freunde geworden. Sie verpassten nie eine Versammlung.

Irgendwann war ich dann wieder in Kansas City und mir fiel sofort die Abwesenheit dieser beiden Leute auf. Ich erinnerte mich daran, dass ich im Jahr zuvor dort eine sehr spezifische Prophetie an sie weitergegeben hatte. Es war nicht eine dieser allgemeinen Prophezeiungen, die auf jeden zutreffen könnten. Sie war sehr konkret. Entweder hatte ich Gott zu hundert Prozent richtig gehört oder ich lag total daneben, ein Zwischendrin gab es nicht.

Als ich sie nicht sah, begann ich zu überlegen; ich fing an, zu spekulieren und mir etwas vorzustellen. Ich dachte: *Ich wette, ich habe es letztes Jahr richtig vermasselt und jetzt sind sie sauer auf mich.* Vor meinem inneren Auge sah ich sie schon Gerüchte verbreiten, ich sei ein falscher Prophet. Je mehr ich darüber nachdachte, desto wütender wurde ich. Ich steigerte mich, ehrlich gesagt, so sehr rein, dass ich ihnen am liebsten eins auf die Nase gegeben hätte!

Aber am nächsten Abend waren sie da. Sie kamen zu mir und sagten: »Es tut uns sehr leid, dass wir gestern nicht da waren. Wir hatten einen Todesfall in der Familie und konnten deshalb nicht weg. Sonst hätten wir dein Treffen niemals verpasst.« Der Herr zeigte mir, dass ich bereit gewesen war, mich über etwas aufzuregen, das so gar nicht passiert war. Ich hatte spekuliert – mir einfach ausgemalt –, was sie dachten und was vor sich ging.

»Richtet nicht«

Ich war schon in sehr vielen Gemeinden, in denen Leute sich beleidigt fühlten und drauf und dran waren, die Gemeinde zu verlassen, nur weil der Pastor sie mal ignoriert hatte. Sie nahmen als Grund dafür an, dass er sie nicht leiden könne, zogen aber nie in Betracht, dass er einfach tief in Gedanken versunken war und deshalb auf dem Flur wortlos an ihnen vorbeiging. Es hätte eine Million Gründe geben können, warum er sie nicht gegrüßt hat. Das ist es, was die Bibel meint, wenn sie sagt:

> *Richtet nicht, damit ihr nicht gerichtet werdet! Denn mit demselben Gericht, mit dem ihr richtet, werdet ihr gerichtet werden; und mit demselben Maß, mit dem ihr [anderen] zumesst, wird auch euch zugemessen werden. Was siehst du aber den Splitter im Auge deines Bruders, und den Balken in deinem Auge bemerkst du nicht? Oder wie kannst du zu deinem Bruder sagen: Halt, ich will den Splitter aus deinem Auge ziehen! – und siehe, der Balken ist in deinem Auge?*

Du Heuchler, zieh zuerst den Balken aus deinem Auge, und dann wirst du klar sehen, um den Splitter aus dem Auge deines Bruders zu ziehen! — Matthäus 7,1–5

Manche Leute verwirrt diese Stelle, weil andere Bibelstellen uns sehr wohl zum Urteilen auffordern. Dieser Abschnitt sagt einfach aus: »Der Maßstab, nach dem du andere beurteilst, nach dem wirst auch du beurteilt werden. Sei also barmherzig. Zieh zuerst den Balken aus deinem Auge, bevor du versuchst, den Splitter aus dem Auge eines anderen zu entfernen.« Das ist die Art des Richtens oder Urteilens, auf die sich dieser Abschnitt bezieht.

Wenn jedoch nachts in der Großstadt, in einer dunklen Seitenstraße, ein Typ direkt auf dich zuläuft, der wie ein Gangster gekleidet ist und in der einen Hand ein Messer und in der anderen einen Baseballschläger hält, dann fällst du darüber besser ein Urteil. Es ist nicht verkehrt, wenn du zu dem Schluss kommst: »Das sieht nicht gut aus. Ich mach mich mal lieber aus dem Staub!« So die Lage zu beurteilen, ist sinnvoll und hilfreich; aber feststellen zu wollen, warum er so gekleidet ist und weshalb er sich so verhält, wäre total verkehrt.

Besonders in Beziehungen ist es wichtig, das zu beachten. Wenn jemand etwas sagt, das dich verletzt, ist es nicht verkehrt, auf die Person zuzugehen und zu sagen: »Als du diese Bemerkung gemacht hast, habe ich mich gekränkt gefühlt.« Verkehrt wäre es, zu sagen: »Was du gesagt hast, ist falsch, weil …«, und dann über die Gründe zu spekulieren, warum die Person es gesagt hat. Du weißt nicht, warum es so ist. Vielleicht war ihr gar nicht bewusst, was sie da sagte. Sie hatte möglicherweise gar keine Ahnung, dass sie dich damit beleidigt hat. Vielleicht hat sie sich nur deshalb so geäußert, weil sie sich von jemand anderem angegriffen fühlte. Du kannst einfach nicht mit Sicherheit wissen, warum Menschen tun, was sie tun.

Es ist nicht deine Sache

Nachdem der Herr mir gezeigt hatte, was es bedeutet, nüchtern zu sein, beschloss ich, nicht mehr darüber zu spekulieren, warum sich die Dinge so oder so verhalten. Ich habe das sogar meinen Mitarbeitern so vermittelt. Ich habe ihnen gesagt: »Ich werde nicht auf Andeutungen reagieren. Wenn ihr sauer auf mich seid oder mich nicht mögt, müsst ihr mir das direkt sagen.« Mir fällt schon auf, wenn jemand sich nicht sehr freundlich verhält, aber ich weigere mich, Mutmaßungen über die Gründe dafür anzustellen. Das ist deren Sache, nicht meine. Wenn Personen etwas gegen mich haben, müssen sie es mir schon selbst sagen. Ich werde nicht darüber spekulieren.

Vielleicht gibt es jemanden, über den du geurteilt hast. Vielleicht hast du die Person für ihr Reden oder Handeln sogar schon getadelt, obwohl du in Wahrheit gar nicht alle Fakten kennst. Du hast keine Ahnung, welche Gründe sie tatsächlich hatte, weil du sie nie danach gefragt hast. Was du da mit deiner Vorstellung machst, ist reine Spekulation.

KAPITEL 11

Die inneren Bilder

Deine Vorstellung ist eine starke Kraft. Tatsächlich kannst du nicht dauerhaft gegen das Bild ankommen, das du in deinem Inneren hast.

Wie jemand im Herzen denkt, so ist er. — Sprüche 23,7 KJV

In deinem Herzen hast du ein Bild – ein Bild davon, wer du bist und wie du bist. Leider haben die meisten Menschen dieses Bild nicht durch das Wort Gottes zeichnen lassen. Andere Leute und eigene Erfahrungen haben dieses Bild gestaltet. Wir müssen uns jedoch ein inneres Bild davon machen, wer wir in Christus sind und wer er in uns ist. Wir müssen Gottes Wort wie einen Pinsel nehmen und dieses innere Bild so verändern, dass es mit dem übereinstimmt, was das Wort über uns sagt. Dennoch leben die meisten Menschen ihr Leben mit einem anderen Bild im Kopf.

Vielleicht bist du ja jemand, der jedes Mal gibt, wenn der Opferkorb durchgereicht wird, aber in deinem Herzen siehst du dich immer noch als mittellos an. Du erfüllst vielleicht Gottes Wort, indem du viel säst und pflanzt, aber dein Bild von dir in deinem Inneren ist immer noch eines der Armut. Du siehst dich als bedürftig, und daher bist du es auch. Deine Vorstellung hält dich in dieser selbsterfüllenden Prophezeiung gefangen, weshalb du weiter dem Bild entsprichst, das du in deinem Inneren hast.

Vielleicht hältst du dich für einen introvertierten Menschen. Im Umgang mit anderen bist du schüchtern und verlegen. Dieses Bild wird dich beherrschen und kontrollieren, bis du es änderst. Ich war früher extrem introvertiert. Ich konnte nicht einmal jemandem ins Gesicht blicken und mich mit ihm unterhalten. Aber durch Gottes Wort habe ich mein inneres Bild völlig verändert. Jetzt bin ich ein absolut extrovertierter Mensch. Auch du kannst dein Selbstbild ändern.

Eine erfolgsorientierte Einstellung

Als wir in Seagoville, Texas, lebten, waren wir so arm, dass uns selbst das Hungertuch fehlte, an dem wir hätten nagen können. Wir konnten nicht einfach losziehen, um die Dinge zu kaufen, die wir brauchten. Also vertraute ich auf Gott und fing ich an, für solche Dinge zu beten. Obwohl ich nichts von Autos verstand, begann ich, an ihnen zu arbeiten. Im Glauben erklärte ich: »Ich vermag alles durch den, der mich stark macht, Christus« (Phil 4,13). Ich reparierte Schäden an Autos, ohne zu wissen, was genau ich da machte. Ich könnte dir nicht sagen, warum die Fahrzeuge danach wieder liefen, aber sie taten es.

Jemand schenkte uns eine Waschmaschine mit einer defekten Trommel-Bremsvorrichtung. Ich nahm das Ding auseinander und sah es mir an, konnte den Fehler aber nicht finden. Also habe ich darüber gebetet und irgendwas daran gemacht – und die Maschine funktionierte danach noch jahrelang. Ich habe einfach die Einstellung entwickelt, dass ich alles tun und mit allem Erfolg haben kann.

Es gab da diesen Mann, für den ich als Fotoentwickler arbeitete. Ich sagte ihm: »Sie werden gesegnet sein, weil Sie mich eingestellt haben.« Sein Laden stand kurz vor der Schließung, aber ich hatte dieses Bild in mir. Obwohl ich noch nie in meinem Leben Fotos entwickelt hatte, stellte ich mich so gut an, dass ich das Geschäft dieses Mannes innerhalb von zwei Monaten vor dem Bankrott rettete. Ich krempelte seinen Laden so gründlich um, dass er mir eine gleichberechtigte Partnerschaft anbot – ohne Kapitaleinlage meinerseits, Hauptsache, ich würde den Laden für ihn schmeißen. Er wollte mir tatsächlich 50 Prozent des Geschäfts überlassen! Doch dann rief mich der Herr nach Pritchett, Colorado. Also lehnte ich sein Angebot ab und ging.

Während dieser ganzen Zeit hatte ich mein inneres Bild von mir so verändert, dass es mit Gottes Wort übereinstimmte. Es ging dabei um meine Vorstellungswelt, mit der ich mich befassen musste.

Die Kraft des Wortes freisetzen

Wenn du Gott verherrlichst und ihm dankst, wird deine Vorstellungskraft beginnen, die Dinge anders wahrzunehmen. Wenn du dankbar bist und schätzt, was der Herr in deinem Leben gesagt und getan hat, wirst du mit Zuversicht in deine Zukunft blicken. Anstatt ängstlich zu sein und zu erleben, wie sich negative Dinge ereignen, wirst du hoffnungsvoll sein und sehen, dass positive Dinge geschehen.

> *Die mit einem festen Sinn umgibst du mit Frieden, weil sie ihr Vertrauen auf dich setzen! — Jesaja 26,3* NLB

Das hebräische Wort, das hier mit »Sinn« übersetzt wird, ist dasselbe Wort, das in anderen Teilen des Alten Testaments mit

»Sinnen« übersetzt wird.[12] Man könnte also sagen, dass der Herr dich in vollkommenem Frieden bewahrt, wenn du deine Gedanken – dein Sinnen – auf ihn gerichtet hältst.

Deine Vorstellungskraft ist deine Fähigkeit, dir ein geistiges Bild zu malen. Die meisten Menschen nutzen ihre Vorstellungskraft nicht, wenn es um die Beziehung zum Herrn geht, aber das sollten sie.

Ich benutze meine Vorstellungskraft, wenn ich über das Wort Gottes nachsinne bzw. meditiere. Ein Großteil der Offenbarungen, die ich von Gott erhalte, kommt nicht allein durch das Lesen der Bibel. Natürlich ist es wichtig, das Wort Gottes zu lesen, denn man kann nicht über etwas meditieren, das man nicht gelesen hat. Das Lesen der Bibel ist die Eingabe von Daten in deinen »Computer«. Ohne diese Dateneingabe gäbe es für deinen Denkapparat nichts zu verarbeiten. Aber nachdem ich das Wort gelesen habe, setze ich mich hin und denke darüber nach. Ich nehme sozusagen die Rohdaten und beginne, sie zu verarbeiten. Das ist der Punkt, an dem die wahre Offenbarung und Kraft der Heiligen Schrift freigesetzt werden.

Die Bibel erwacht zum Leben

Als ich von David und Goliath las (1Sam 17), wollte ich mir ein Bild von der Körpergröße dieses Riesen machen. Da die Räume in unserem Haus aber nur gut 2,40 Meter hoch waren, musste ich nach draußen gehen, um mir irgendwo in 2,90 Meter Höhe eine Markierung zu machen. Dann ging ich neben dieser Markierung in Position und stellte mir vor, wie es wohl gewesen sein muss, gegen einen solchen Riesen anzutreten.

Warum ist eine Reise ins Heilige Land eine solch lebensverändernde Erfahrung? Warum wird das Wort Gottes dort so lebendig? Es liegt nicht daran, dass die Gegenwart des Herrn in Israel so viel stärker wäre als irgendwo sonst auf der Welt. Es ist einfach so, dass man sich vor Ort die Dinge im Wort Gottes viel klarer vorstellen kann.

Ich weiß noch, wie es war, als ich ins Tal von Elah hinunter ging. Ich verließ den Bus und lief zu dem kleinen Bach dort. Genau wie David hob ich fünf glatte Steine auf. Das half mir, die Ereignisse deutlicher vor mir zu sehen. Wenn man sich das, was Gottes Wort schildert, bildhaft vorstellen kann, wird es gleich viel lebendiger.

Nachdem du die Informationen gelesen hast – die Daten sozusagen eingegeben hast –, setz dich hin und überlass dem Heiligen Geist die Führung deiner Gedanken. Denk nicht einfach über irgendetwas nach. Wenn du deine Gedankenwelt mit irgendwelchem Schrott aus den Medien oder von woanders her gefüllt hast, könnten deine Gedanken in die falsche Richtung laufen. Wenn du aber dem Wort Gottes erlaubst, deine Gedanken zu beherrschen, und anfängst, über die Bibelstellen nachzudenken, die du gerade gelesen hast, wirst du beginnen, Dinge im Wort zu sehen – die eingegebenen Daten zu verarbeiten –, die du mit deinen physischen Augen nicht sehen kannst. Du musst sie mit deiner Vorstellungskraft im Inneren sehen.

Wenn die Bibel sagt, dass du geheilt bist, musst du das annehmen und darüber meditieren, bis du dich selbst als geheilt siehst. Die meisten Menschen sehen sich in einer körperlich herausfordernden Situation als krank, nicht als geheilt an. Sie sehen Schmerzen und Leiden. Sie haben bereits ein klares Bild von ihrem eigenen Verfall vor Augen. Man hat ihnen gesagt, was passieren werde und was in den jeweiligen Stadien zu erwarten sei. Sie beobachten sich ständig selbst, um zu sehen, an welchem Punkt dieser Entwicklung sie stehen. Sie sehen das Endergebnis: Tod, Schmerzen oder was auch immer. Du musst sagen: »Das ist nicht das, was ich im Wort sehe!« Dann suchst du dir Bibelstellen heraus und sinnst über sie nach, bis du dir vorstellen kannst, wie du rennst, springst, die Nacht durchschläfst, schmerzfrei lebst oder das überwunden hast, was dich jetzt noch plagt.

Die größeren Werke

Auf diese Weise habe ich zum ersten Mal gesehen, wie Menschen wieder zum Leben erweckt wurden. Ich nahm das Wort Gottes und sann darüber nach.

> *Wahrlich, wahrlich, ich sage euch: Wer an mich glaubt, der wird die Werke auch tun, die ich tue, und wird größere als diese tun, weil ich zu meinem Vater gehe. — Johannes 14,12*

Ich fing an, es auszusprechen und darüber zu reden. Ich suchte mir alle Bibelstellen heraus, in denen Menschen von den Toten auferweckt worden waren – neun, wenn man Jesus mitzählt –, und sann über diese Berichte nach. Ich schloss meine Augen und stellte mir vor, ich würde dort stehen und sagen: »Lazarus, komm heraus!«, und er täte es (siehe Joh 11,43–44). Ich sah mich selbst all diese Dinge tun, die Jesus getan hat. Ich dachte so viel darüber nach, dass ich anfing, von der Auferweckung Verstorbener zu träumen. Dann begann ich tatsächlich zu erleben, wie Menschen von den Toten auferweckt wurden.

Es gibt einen Grund, warum manche Menschen so etwas erleben und andere nicht. Wenn du es im Inneren nicht sehen kannst, wirst du es auch im Äußeren nicht erleben. Warum ist das so?

Weil deine Vorstellung der Ort ist, an dem die »Empfängnis« stattfindet. Die meisten Menschen lassen ihre Vorstellungskraft einfach von den physischen Eindrücken ihrer Augen steuern. Aber das Wort Gottes wird ein Bild malen, das diese natürlichen Dinge ersetzen kann.

Vielleicht hast du noch nie jemanden mit einem gebrochenen Arm gesehen, der sofort geheilt wurde. Aber wenn du darüber nachsinnst, bis du es im Inneren zu sehen beginnst, wirst du es schließlich auch im Äußeren passieren sehen können. Mag sein, dass du noch nie persönlich erlebt hast, wie jemand aus einer Situation wie der deinen befreit wurde, aber in Gottes Wort kannst du es finden. Wenn du darüber nachsinnst, kannst du es empfangen und allmählich auch sehen, und das wird die Dinge verändern.

Böse Gedanken

Obwohl 1. Mose 6 den negativen Gebrauch der Vorstellungskraft beschreibt, ist diese Stelle dennoch ein eindrückliches Beispiel.

> *Und der HERR sah, dass die Bosheit des Menschen auf der Erde groß war und alles Sinnen der Gedanken seines Herzens nur böse den ganzen Tag. — 1. Mose 6,5* ELB

Auch wenn viele von uns eine Begegnung mit dem Herrn hatten, von neuem geboren sind und im Heiligen Geist getauft wurden, ist es dennoch wahr, dass das, was wir uns in unseren Gedanken vorstellen, zum Großteil böse ist. Wir sehen negative Dinge – Dinge, die im Widerspruch zu Gottes Wort stehen. Wir sehen uns selbst versagen, nehmen uns als wütend, verbittert und abgelehnt wahr. Unser Bild von uns selbst widerspricht dem, was Gottes Wort sagt, trotzdem lassen die meisten von uns ihrer Vorstellung einfach freien Lauf. Aus unserer Sicht machen wir nichts falsch, wenn wir uns Dinge vorstellen, aber dieser Vers zeigt uns, dass Gott sah, was die Menschen insgeheim alles erdachten.

Kurz bevor er starb und Salomo König wurde, gab David seinem Sohn Anweisungen. Er sagte:

> *»Und du, mein Sohn Salomo, erkenne den Gott deines Vaters und diene ihm von ganzem Herzen und mit williger Seele! Denn der HERR erforscht alle Herzen und erkennt alles Trachten der Gedanken. Wenn du ihn suchst, so wird er sich von dir finden lassen; wenn du ihn aber verlässt, so wird er dich verwerfen auf ewig!« — 1. Chronik 28,9*

Gott sieht alles Trachten des Herzens. Wenn du dir das restliche Alte Testament anschaust, wirst du mindestens ein halbes Dutzend Stellen finden, wo der Herr wegen der Dinge, die Menschen ersannen, Gericht über sie brachte.

Geistliches Empfangen

Die meisten von uns sind auf ihr Handeln fokussiert. Sie denken: *Ich darf nicht einfach losziehen und fremdgehen. Ich darf das auf keinen Fall machen!* Aber es ist dumm, über so etwas erst nachzudenken und es sich vorzustellen, um dann dagegen anzukämpfen und bemüht sein zu müssen, die im Herzen bewegten Dinge nicht in die Tat umzusetzen.

Das ist wie bei einer Frau, die kein Kind gebären will, sich aber in Bezug auf körperliche Beziehungen keinerlei Gedanken macht. Sie wird ständig schwanger, muss dann aber abtreiben, um nicht gebären zu müssen. Das ist nicht der richtige Weg, um keine Kinder zu bekommen. Die sicherste Methode, eine Schwangerschaft zu verhindern, ist die Vermeidung einer körperlichen Beziehung.

Was das Geistliche angeht, erkennen die meisten von uns nicht, dass unsere Vorstellung der Ort ist, an dem wir empfangen. Es gibt nur wenige Fernsehinhalte, die keine negativen Gedankenbilder hervorrufen. In den Programmen werden ständig Situationen mit sexuellem Hintergrund gezeigt. Und die meisten Sendungen bringen uns bei, wütend und bitter zu werden und zurückzuschlagen, aber das Wort Gottes sagt, dass wir vergeben und die andere Wange hinhalten sollen (Lk 6,29). Ob du es merkst oder nicht, diese visuellen Darstellungen malen Bilder in deinem Inneren. Wenn du dann in eine Krise gerätst oder mit einer Versuchung konfrontiert bist, die dem Gesehenen gleicht, wirst du versucht sein, dich ebenso zu verhalten, weil du es ja gedanklich bereits in dich aufgenommen hast.

Man kann buchstäblich an einen Punkt gelangen, an dem man nicht mehr empfänglich ist für bestimmte Dinge – und wenn man für etwas nicht empfänglich ist, kann man es auch nicht tun. Man kann tatsächlich dahin kommen, dass man nicht mehr weiß, wie man sündigen soll. »Komm schon, Andrew. Das kann doch nicht dein Ernst sein.« Doch, ich meine es ernst – und auch du kannst dorthin gelangen. Du kannst dein Denken tatsächlich so sehr mit den Dingen Gottes füllen, dass du im Herzen nur noch Freude, Frieden und Kraft empfängst. Wenn du dein Denken fest auf Gott gerichtet hältst, wirst du in vollkommenem Frieden sein (Jes 26,3).

Zügellose Gedanken

Durch die Art und Weise, wie wir unserer Vorstellungskraft freien Lauf lassen, schaffen wir uns selbst eine Menge Probleme. Nur sehr wenige Menschen fühlen sich für ihre Gedankenwelt verantwortlich. Die wenigsten wissen überhaupt, was Vorstellungskraft ist. Sie lassen ihren Gedanken einfach freien Lauf und denken an negative Dinge.

Einmal kam jemand zu mir und fragte: »Meinst du, ich habe die falsche Person geheiratet? Ich habe Probleme in meiner Ehe. Denkst du, ich habe Gottes Willen verfehlt?« Diese Person wollte ernsthaft meine Hilfe bei der Entscheidung, ob sie gegen Gottes Willen gehandelt habe oder nicht. Ich sagte ihr: »Das ist Unsinn. Es spielt keine Rolle, ob du einen Fehler gemacht hast oder nicht. Denk nie über so etwas Nutzloses nach. Aus solchen Gedanken wird sich niemals etwas Positives entwickeln, aber sie können eine Menge Schaden anrichten. Was willst du machen? Dich von deinem Ehepartner scheiden lassen? Dir einen anderen suchen und gegen das Wort Gottes verstoßen? Das ist keine Option. Du solltest deine Gedanken niemals in diese Richtung laufen lassen.«

Es gibt Widrigkeiten, über die denke ich gar nicht erst nach. Ich könnte mich hinsetzen und mir alle möglichen schlimmen Dinge ausmalen. Als wir zum Beispiel mit unseren Fernsehsendungen begannen, stiegen unsere Ausgaben erheblich. Ich musste in diesem Zusammenhang einiges bedenken, um unseren Finanzbedarf zu ermitteln, damit ich Pläne machen und unsere Partner informieren könnte. Ich dachte über einige dieser Dinge nach, aber ich habe mir nicht ein einziges Mal erlaubt, mich bei diesem Unterfangen scheitern zu sehen. Ich ließ keinen Gedanken daran zu, was ich wohl täte, wenn das Geld nicht reichte und ich aufgeben und sagen müsste: »Ich habe versagt.« Ich habe mir diese Dinge nie vorgestellt, denn es war nicht das, was Gott mir gesagt hatte.

Ich weigere mich, Dinge zu denken, die dem widersprechen, was Gottes Wort sagt. Deshalb stelle ich sie mir auch nicht vor und bin nicht in Versuchung, danach zu handeln.

Bei den meisten Christen ist es so: Wenn Gott ihnen etwas aufträgt zu tun, setzen sie sich erstmal hin und denken über alle möglichen Gründe nach, warum es nicht funktionieren wird. Sie lassen ihrer Fantasie freien Lauf und sehen sich selbst scheitern. Dann, nachdem sie über all diesen Unsinn nachgedacht haben, sagen sie: »Gott, kann ich dir im Glauben vertrauen?« Das ist so, als wollte man mit umgeschnallten Gewichten schwimmen. Es wird nicht funktionieren, und so ist es von Gott auch nicht für dich vorgesehen.

Mach es nicht

Die meisten von uns begreifen nicht, wie wichtig es ist, was sie sich vorstellen. Vielleicht bist du hin und wieder deprimiert und sagst dir: »Bestimmt geht es mir besser, wenn ich mich jetzt einfach mal hinsetze und ein bisschen in Selbstmitleid schwelge.« Also setzt du dich hin und denkst: *Niemand liebt mich. Alle hassen mich.* Aber im Grunde weißt du, dass das nicht stimmt.

Wenn du so etwas tust, verhältst du dich genau wie Elia. »Gott, ich bin der Einzige, der übrig ist!« (1Kö 19,10). Doch Obadja hatte ihm gesagt, dass noch hundert Propheten übrig seien, die er in einer Höhle versteckt und mit Brot und Wasser versorgt habe (1Kö 18,3–4.7.13). Obwohl Elia es besser wusste, begann er zu jammern: »O Gott, ich bin ganz allein übriggeblieben.« Er verfiel in Selbstmitleid und schied aus dem Leben. Zuvor salbte er zwar noch seinen Nachfolger, womit er aber nur eine der drei letzten Anweisungen befolgte, die Gott ihm gegeben hatte (1Kö 19,15–16).

»Aber Andrew, wenn ich niedergeschlagen bin, fühle ich mich einfach besser, wenn ich meckern, mich beschweren und mich selbst bemitleiden kann.« Mach das nicht! Erlaube deinen Gedanken nicht, in diese Richtung zu gehen. Sieh dich nicht versagen. Sieh deine Gebete nicht als vergeblich an. Du sagst vielleicht: »So kann ich doch nicht leben.« Aber ich sage: »Doch, du kannst.«

Manche Menschen sind so negativ, dass der Teufel nur ein Wort flüstern muss, und sie machen einen ganzen Absatz daraus. Er kann einfach in Urlaub fahren und seine Arbeit ihnen überlassen, weil sie ganz prima darin sind, das Negative zu verstärken und hervorzuheben. Sie haben ein leichtes Stechen in der Brust und denken sofort, es sei ein Herzinfarkt. Dann lassen sie ihre Gedanken so lange darum kreisen, bis sie vor lauter Panik tatsächlich einen Herzinfarkt bekommen. Doch in Wahrheit war am Anfang rein gar nichts mit ihnen los. Die Menschen nehmen die kleinsten Dinge und machen ein riesengroßes Problem daraus.

Deine Vorstellungskraft führt dich dort hin. Um die Gedankenwelt der meisten Menschen steht es schlecht. Ihre Gedanken gehen in die falsche Richtung.

KAPITEL 12

Richte dein Herz aus

David gab Gold und Silber im Wert von 1,5 Milliarden Dollar als Opfer aus seinem persönlichen Vermögen (1Chr 29). Zwar hatte er bereits umgerechnet 5 Milliarden Dollar für den Bau des Tempels aus der Staatskasse gespendet, aber diese Gabe stammte aus seinem Privatvermögen. Nicht schlecht für einen ehemaligen Hirtenjungen!

David war wohlhabend. Als er von seinem Vermögen freiwillig etwas abgab, waren die Menschen dadurch so gesegnet, dass sie ebenfalls spontan etwas beizusteuern begannen – und zwar insgesamt im Wert von 3,5 Milliarden Dollar. Alles in allem waren es also 5 Milliarden Dollar an spontanen Opfergaben!

> *Und das Volk freute sich über ihr freiwilliges Geben; denn sie gaben es dem HERRN von ganzem Herzen, freiwillig. Und auch der König David war hocherfreut. — 1. Chronik 29,9*

Dann, in Vers 10, begann David zu beten. Er verherrlichte Gott – er ehrte und würdigte ihn. Was an diesem Tag geschehen war, das war übernatürlich, und er zeigte seine Wertschätzung, indem er Gott dankte und sagte: »Herr, wir haben nichts weiter getan, als dir zu geben, was dir bereits gehörte. Alles, was wir haben, kommt aus deiner Hand« (Verse 14–17). David fing an, Gott für den Segen zu danken; er vergegenwärtigte sich, woher der Segen kam, und verherrlichte Gott und gab ihm Dank. Dann, in Vers 18, sagte er:

HERR, Gott unserer Väter Abraham, Isaak und Israel, bewahre dieses für ewig als Streben der Gedanken im Herzen deines Volkes, und richte ihr Herz zu dir!
— 1. Chronik 29,18 ELB

David sagte damit: »Herr, hilf uns, uns zu erinnern!«

Schaffe dir Erinnerungspunkte

Erinnerungen sind eine mächtige Sache. Deine Vorstellungskraft ist dein Vermögen, dich zu erinnern. In meinem Buch *Die Macht deiner Vorstellungskraft* behandle ich diese Thematik eingehender, als ich es hier kann.

In 2. Chronik 12,14 heißt es jedenfalls:

Er [Rehabeam] tat aber, was böse war; denn er hatte sein Herz nicht darauf gerichtet, den HERRN zu suchen.

Dein Herz richtig auszurichten ist extrem wichtig – und am allerbesten gelingt dir das, indem du dich erinnerst.

Ich habe mein Herz darauf ausgerichtet, den Herrn zu suchen. Obwohl es schon Jahrzehnte her ist, dass Gott auf übernatürliche Weise in mein Leben eingriff, preise ich ihn immer noch dafür und erinnere mich an das, was er gesagt und getan hat, und danke ihm dafür.

Ich setze mir in meinem Leben ständig Denkmäler. Wir sind gerade durch Arlington, Texas, gefahren und haben uns etwas Zeit genommen, unser altes Haus zu besuchen. Ich bin an dem Feld vorbeigefahren, auf dem ich die Taufe im Heiligen Geist empfing. Auch der Felsblock, der mir auf dem Grundstück unseres jetzigen

Hauses über Hand, Arm und Kopf gerollt ist, hat einen Platz, an dem er mich an Gottes Güte erinnert. Ich werde nicht vergessen, dass Jesus mir das Leben gerettet hat, denn ich gehe fast jeden Tag an dieser Stelle vorbei. Wenn man sich erinnert, verändert das alles.

»Wer hat Schuld?«

Nach der Heirat fangen die meisten Paare an, sich ganz auf den Alltagsstress zu konzentrieren. Dabei vergessen sie die Dinge, die sie einst dazu gebracht haben, sich in ihren Partner zu verlieben. Sie vergessen die guten Dinge und beginnen, sich auf die negativen zu konzentrieren. Gedanklich blähen sie diese immer weiter auf. Aber weißt du was? Man kann nicht mit jemandem zusammenleben, mit dem man nichts Gutes mehr verbindet.

Tatsächlich habe ich mich schon mit Ehepaaren hingesetzt und zu einem der beiden gesagt: »Es muss etwas Gutes an dieser Person geben. Erzähl mir etwas Positives über sie«, nur um dann zur Antwort zu bekommen: »Mir fällt absolut nichts Gutes an meinem Partner ein.«

Also frage ich: »Hast du diese Person geliebt, als du sie geheiratet hast?«

»O ja, sie war großartig!«

»Nun, wenn die Person so großartig war, als du sie geheiratet hast, dann rate mal, wer Schuld hat an ihrer Entwicklung.«

Deine Erinnerung hat sehr großen Einfluss!

»Gott hat mir das Leben gerettet!«

Wem dagegen diese Dinge fehlen, der ist blind und kurzsichtig und hat die Reinigung von seinen früheren Sünden vergessen. — 2. Petrus 1,9

Man kann tatsächlich vergessen, was Jesus für einen getan hat. Ich hatte schon mit Menschen zu tun, die so aufgebracht waren, dass sie sich von Gott abwenden wollten. Aber ich erinnerte sie einfach daran, was er für sie getan hat. Sobald sie sich dessen wieder bewusst wurden, änderte sich ihre Einstellung.

Vor einigen Jahren, bei einer Veranstaltung in Chicago, rief ich, geleitet vom Heiligen Geist, in die Menge, dass jemand versucht habe oder darüber nachdenke, Suizid zu begehen. Die Frau, der dies gegolten hatte, kam dann auf mich zu und begann mir davon zu erzählen, wie alles in ihrem Leben schiefgelaufen war. Als ich für sie betete, zeigte mir der Heilige Geist vier Situationen, auch schon aus ihrer Kindheit, in denen Satan versucht hatte, sie zu töten. Ich wies sie darauf hin und sagte: »Erinnerst du dich daran, als du vier Jahre alt warst und jemand versucht hat, dich zu vergewaltigen und zu töten? Du hast dich auf die negativen Aspekte konzentriert, aber schau, was passiert ist. Der Herr sagt, man habe versucht, dich zu töten, und es sei ein Wunder, dass du überlebt hast. Anstatt das Negative zu betonen, solltest du sagen: ›Gott hat mein Leben gerettet!‹« Dann ging ich die anderen drei Dinge durch, die er mir gezeigt hatte, und rief ihr auch diese ins Gedächtnis. Als sie sich schließlich wieder an all diese Situationen erinnerte, in denen der Herr bei ihr gewesen war und sie gerettet hatte, sank diese Frau, die kurz zuvor noch mit Gedanken an Suizid gespielt hatte, auf die Knie und lobte und dankte Gott für seine Gnade und Barmherzigkeit.

Gott hat für jeden von uns großartige Dinge getan. Es gibt keinen Grund, warum du dich aufregen solltest, außer vielleicht darüber, dass du die Güte Gottes vergisst. Dein Gedächtnis ist ein wichtiger Teil deines Lebens. Deine Vorstellungskraft ist das Mittel, mit dem du dich an Dinge erinnerst. Du musst anfangen, deine Vorstellungskraft auf positive Weise zu nutzen.

Wie groß bist du, großer Gott!

Darum will ich es nicht versäumen, euch stets an diese Dinge zu erinnern. — 2. Petrus 1,12

Deinem Gedächtnis muss immer wieder auf die Sprünge geholfen werden. Du musst dich an Dinge immer und immer wieder erinnern.

Ich will aber dafür Sorge tragen, dass ihr euch auch nach meinem Abschied jederzeit diese Dinge in Erinnerung rufen könnt. — 2. Petrus 1,15

Geliebte, dies ist nun schon der zweite Brief, den ich euch schreibe, um durch Erinnerung eure lautere Gesinnung aufzuwecken. — 2. Petrus 3,1

Man kann sich durch Erinnerungen selbst aufrütteln. Vor rund zehn Jahren war ich in einem Gottesdienst in Lima, Ohio. Es waren 600 Menschen anwesend, und wir erlebten während unserer gemeinsamen Zeit eine Menge guter Dinge. Sogar außerhalb des Gebäudes standen Leute und hörten uns durch die offenen Fenster zu. Wir begannen »How Great Thou Art« (Wie groß bist du) zu singen, und ich musste an die Beerdigung meines Vaters denken. Das war das Lieblingslied meines Vaters gewesen. Ich erinnerte mich daran, wie ich als zwölfjähriger Junge dort saß und dachte: *Gott, das ergibt doch keinen Sinn. Mein Vater ist gerade gestorben, und wir singen darüber, wie groß du bist.* Ich weiß noch, dass ich betete: »Wenn du wirklich so groß bist, dann offenbare dich mir und gib mir einen Sinn für mein Leben.« Die Erinnerung an diesen Moment ließ mich auf die Knie sinken, weil ich so überwältigt war von der Treue Gottes. Eine Erinnerung kann das Herz auf mächtige Weise berühren.

Keine Verbindung

Dennoch nehmen sich nur sehr wenige von uns die Zeit, sich zu erinnern. Es erfordert einen gewissen Aufwand, sich zu erinnern. Man muss zur Ruhe kommen, den Fernseher ausschalten, das Radio abstellen und sich Zeit zum Nachdenken nehmen. Du solltest dir jeden Tag ruhige Momente gönnen, in denen du deine Erinnerungen wachrufst. Wenn du das tust, wirst du feststellen, wie es dein Leben verändert. Deine Vorstellungskraft bewirkt dies. Geh zurück in deiner Erinnerung und rufe die Bilder wach.

Als ich vor einer Weile mit meiner Mutter in Marietta, Texas, war, haben wir uns mit Leuten unterhalten, die unsere Verwandten aus früheren Zeiten noch kannten. Es war schön, sich gemeinsam an Dinge zu erinnern. Jedes Mal, wenn ich die Gelegenheit habe, suche ich solche Orte auf, die in meinem Leben eine große Rolle gespielt haben. Ich sitze dann einfach da und erinnere mich. Das sind einige der kraftvollsten Momente, die ich erlebe, und sie haben großen Einfluss auf mich.

Unsere ganze Gesellschaft entfernt sich davon immer mehr. Weißt du viel über deine Großeltern? Was ist mit deinen Urgroßeltern? Im Großen und Ganzen sind wir eine Gesellschaft, die so sehr im Augenblick lebt und mit sich selbst beschäftigt ist, dass wir von alldem nichts wissen.

Als ich unlängst in England war, habe ich in der Gemeinde eines befreundeten Pastors gepredigt. Danach nahm er uns zum Mittagessen in sein Haus mit. Alle Generationen seiner Familie seit dem 15. Jahrhundert hatten in diesem Haus gelebt. Er führte mich hinein und sagte: »Genau in diesem Haus wurde mein Ur-Ur-Ur-Ur-Ur-Großvater geboren, und hier hat er auch geheiratet.« Er wusste darüber Bescheid. Während er mir von all diesen Dinge erzählte, dachte ich: *Nicht zu fassen, mit wie viel Geschichte dieser Mann lebt! Wie sich das wohl auf sein Leben und sein Handeln auswirkt? Wie mag wohl das Wissen darüber, was seine Großeltern in diesem Haus getan haben und wie sie sich verhalten haben, in seine eigenen Überlegungen und in das, was er heute tut, einfließen?* Die meisten von uns sind dermaßen weit entfernt von solchen Dingen. Wir denken nicht einmal gerne über sie nach.

Die Erinnerung ist eine mächtige Kraft. Das ist der Grund, warum der Herr uns angewiesen hat, Gedenkstätten zu schaffen und die Grenzen unseres Nächsten nicht zu verrücken (1Mo 35,1; 5Mo 19,14).

»Erinnerst du dich nicht?«

Du musst dir deine Siege immer wieder ins Gedächtnis rufen. Als der Herr David für seine Sünde mit Batseba zurechtwies, sagte er: »David, weißt du nicht mehr, dass ich dich vom Schafehüten weggeholt habe? Erinnerst du dich nicht, dass dein Name noch nicht einmal zur Wahl stand, als Samuel kam, um den neuen König auszuwählen? Du warst draußen bei den Schafen. Deine Familie sah in dir nicht genug, um überhaupt zu glauben, du hättest eine Chance, König zu werden. Weißt du nicht mehr, was ich alles getan habe? Wie ich deine Feinde besiegt habe? Erinnerst du dich nicht daran, wie ich dir all diese Dinge gegeben habe? Und wenn das nicht genug gewesen wäre, hätte ich dir noch mehr gegeben!« (2Sam 12,7–8). Gott frischte Samuels Erinnerung auf.

Um loszuziehen und die Dinge zu tun, die manch einer tut, muss man zuvor die Güte und Treue Gottes vergessen haben. Ich will niemanden ermutigen, Folgendes zu tun, aber was wäre, wenn ein Mann, bevor er mit einer Prostituierten ins Bett springt, sagen würde: »Lass uns beten und dies dem Herrn widmen. Nehmen wir uns einen Moment Zeit und danken wir Gott für seine Güte.« Ich wette, das würde die ganze Geschichte gründlich ruinieren. Genau das bewirkt die Erinnerung an die Güte Gottes bei dir – sie macht die Sünde in deinem Leben zunichte.

Alle bisher genannten Schlüssel, um von Gott erfüllt zu bleiben, sind miteinander verbunden. Gott verherrlichen. Dankbar sein. Sich erinnern. Würdest du diese Dinge regelmäßig tun, dann würde das eine Atmosphäre der Güte und Treue Gottes in deinem Leben schaffen. Es würde dich davon abhalten, einige der Dinge zu tun, die du tust. Deine Gedanken würden anfangen, sich auf positive Dinge zu konzentrieren. Anstatt dir vorzustellen, wie du versagst, würdest du Gottes Güte und gutes Gelingen sehen.

Ein Schwarzseher ist einfach jemand mit einer lebhaften Phantasie im Bereich des Negativen. Wenn du voller Ängste bist, bewegt sich deine Vorstellungskraft in die falsche Richtung. Aber die gute Nachricht ist, dass du das ändern kannst. Du musst nur anfangen, deine Vorstellungskraft auf die richtige Weise einzusetzen.

KAPITEL 13

Was siehst du?

Und als nun der Tag fast vergangen war, traten seine Jünger zu ihm und sagten: Dieser Ort ist einsam, und der Tag ist fast vergangen. Entlasse sie, damit sie in die Höfe und Dörfer ringsumher gehen und sich Brot kaufen; denn sie haben nichts zu essen. Er aber antwortete und sprach zu ihnen: Gebt ihr ihnen zu essen! — Markus 6,35–37

Die Jünger sahen den Handlungsbedarf, aber sie sahen sich nicht in der Lage, diesem nachzukommen. Sie wollten die Menschen woanders hinschicken, damit sie dort ihre Bedürfnisse gestillt bekämen.

Genau das tut auch die Kirche heute. Wir schicken die Menschen zu Psychologen, Bankern, Ärzten und Anwälten, obwohl in Wirklichkeit wir diejenigen sind, die die Antwort haben. Sie müssten sich nicht woandershin wenden. Wir könnten ihre Bedürfnisse erfüllen, aber der Großteil der Gemeinde Christi sieht das nicht. Wir sehen uns nicht in der Lage, Kranke zu heilen, Aussätzige zu reinigen oder Tote aufzuerwecken, also schicken wir die Menschen woandershin. Der Herr sagte: »Sie brauchen nicht wegzugehen. Ihr gebt ihnen zu essen.« Das mag vernunftwidrig klingen, aber Jesus hätte von ihnen – oder von uns – nichts zu tun verlangt, was sie – oder wir – nicht hätten tun können. Sie hätten diesen Menschen zu essen geben können. Sie hatten die Fähigkeit, dies zu tun. Aber sie hatten sich selbst noch nie als Personen gesehen, die in der Lage waren, fünftausend Menschen zu speisen.

Und sie sprachen zu ihm: Sollen wir hingehen und für 200 Denare Brot kaufen und ihnen zu essen geben?
— Markus 6,37

Sie zogen ihren Geldbeutel aus der Tasche und warfen einen Blick hinein. Sie schauten auf ihre natürlichen Ressourcen anstatt auf ihre geistlichen Ressourcen.

Er aber sprach zu ihnen: Wie viele Brote habt ihr? Geht hin und seht nach! Und als sie es erkundet hatten, sprachen sie: Fünf, und zwei Fische. Und er befahl ihnen, dass sich alle in Gruppen ins grüne Gras setzen sollten. Und sie setzten sich gruppenweise, zu hundert und zu fünfzig. Und er nahm die fünf Brote und die zwei Fische, ***blickte zum Himmel auf*** *und dankte, brach die Brote und gab sie seinen Jüngern, damit sie ihnen austeilten; auch die zwei Fische teilte er unter alle.*
— Markus 6,38–41

Als Jesus zum Himmel aufblickte, tat er mehr, als nur seinen Kopf zu heben. Dieses griechische Wort – *anablepo* – setzt sich aus *blepo* und *ana* zusammen. *Blepo* bedeutet »sehen«[13] und *ana* – wenn es in einer Wortverbindung wie dieser verwendet wird – bedeutet »erneut«.[14] Jesus sah also wörtlich genommen zweimal bzw. sah erneut.

Dasselbe Wort wird in der Bibel fünfzehnmal mit »sehend werden« übersetzt. Als Bartimäus darum bat, sehend zu werden, benutzte er das Wort *anablepo*[15] (Mk 10,51). Auch in Matthäus 20,34, als zwei anderen Blinden die Augen geöffnet wurden, findet sich das Wort *anablepo.*[16] Es ist dieses selbe Wort.

Als Jesus also aufblickte, sah er ein zweites Mal. Er sah anders als seine Jünger. Weißt du, was er tat? Er sah im Inneren. Er sah mit seinen geistigen Augen in die geistliche Welt, anstatt mit seinen physischen Augen das Natürliche zu sehen. Die Jünger sahen lediglich mit ihren physischen Augen die natürlichen Ressourcen und waren daher auf das beschränkt, was sie sehen, schmecken, hören, riechen und fühlen konnten. Jesus konnte über das Physische hinaus in die geistliche Welt sehen. Davon ist in Markus 6,41 die Rede.

Als er aufblickte, hob er nicht nur seinen Kopf, sondern er nahm die Situation mit seinen geistigen Augen wahr. Mit anderen Worten, es ging um seine Vorstellungskraft. Er hatte einen reinen Geist, der in der Lage war, Dinge durch den Glauben zu sehen. Er war nicht auf das beschränkt, was er mit seinen physischen Augen sah. Er konnte alles sehen, was Gottes Wort sagte.

Jesus sah mit seinen geistigen Augen, dass diese fünf Brote und zwei Fische genug waren. Die Jünger schauten auf Brot und Fisch, schauten auf die Menschenmenge, und sahen, dass das Vorhandene nicht ausreichte. Die meisten von uns schauen auf das bisschen, was sie haben, schauen auf den Bedarf, und sagen dann: »O Gott, es reicht nicht. Ich werde es nie schaffen!« Wir verfluchen, was wir haben. Jesus hat es stattdessen gesegnet. Wir sagen: »O Gott, ich könnte das, wozu du mich berufen hast, niemals tun. Ich kann nicht predigen!« Doch Jesus segnete.

Dann machte er fünftausend Männer satt – und da sind die Frauen und Kinder noch nicht miteingerechnet. Er speiste also mehr als zehntausend Menschen mit fünf Broten und zwei Fischen, und die Reste, die übrig blieben, nachdem jeder einen zweiten und dritten Nachschlag bekommen hatte, ergaben weit mehr als das, was sie zu Anfang hatten.

Man bedenke auch die organisatorische Seite. Hätte Jesus das Brot gebrochen und alles in seinen eigenen Händen vermehrt, um es dann an die Jünger weiterzureichen, damit diese zwischen den einzelnen Gruppen hin- und herlaufen und es an die Menschen verteilen könnten, dann hätte das Ganze mindestens sieben Stunden gedauert (eine ausführliche Erklärung hierzu findest in der Fußnote zu Lukas 9,16 auf Seite 177 meines Bibelkommentars *Life for Today: Gospels Edition* oder kostenlos im Online-Bibelkommentar[17]). Viel wahrscheinlicher ist jedoch, dass der Herr das Brot einmal brach und es den Jüngern gab, und dass diese dann mit jeweils etwas Fisch und Brot in die Menge gingen und dort erlebten, wie sich beides in ihren eigenen Händen beim Austeilen vermehrte.

Jesus segnete also diese Speisen und gab sie an seine Jünger weiter. Dann mussten die Jünger viel Glauben haben, um mit diesen kleinen Happen Nahrung auf die einzelnen Gruppen hungriger Menschen zuzugehen und allen davon auszuteilen. Vielleicht hätte der eine oder andere Jünger stehenbleiben und sagen können: »Jesus, ich brauche aber mehr!« Aber dazu kam es nicht – sie brauchten nicht mehr. Sie hatten genug. Dieses kleine bisschen Brot und Fisch waren, nachdem beides gesegnet worden war, mehr als genug für Tausende von Menschen. Aber die Jünger mussten es geistlich sehen.

Was auch immer du hast, ist mehr als genug, wenn du deine Vorstellungskraft neu ausrichten kannst, sodass du nicht mehr mit deinen physischen Augen siehst. Würdest du dein wahres Potential sehen, könntest du mit deinem Herzen zu sehen beginnen, was Gott dir in Wahrheit gegeben hat.

Nimm Gottes Wort und lass es ein Bild in deinem Inneren malen. Lass dir zeigen, dass du dieselbe Kraft in dir hast, die Christus von den Toten auferweckt hat (Röm 8,11). Du musst Gott nicht anflehen, dir noch etwas hinzuzufügen. Du musst nur aufblicken, sehend werden und erkennen, was du bereits hast. Wenn du das tust, wirst du zu den Massen gehen können und erleben, wie Menschen gerettet, geheilt und befreit werden. Du würdest Worte finden und die Gaben des Heiligen Geistes fließen lassen können. Was auch immer du brauchtest, würde funktionieren.

Das Problem ist jedoch, dass wir nicht aufschauen. Wir empfangen keine geistliche Sicht. Wir sehen nicht mit den Augen unseres inneren Menschen. Wir benutzen nicht unsere Vorstellungskraft, um uns so zu sehen, wie Gott uns sieht. Stattdessen schauen wir in den Spiegel. Wir hören darauf, was alle anderen über uns denken. Wir schauen uns andere Kirchen an und denken: *Und, machen die das dort auch so?* Wir stellen Vergleiche an und lassen das Bild in unserem Inneren von anderen Menschen malen. Du musst ins Wort Gottes gehen und herausfinden, was Gott über dich sagt. Er zeigt dir, wer du bist und was du zu tun vermagst. Du musst dich selbst dementsprechend sehen.

Wie siehst du dich?

Die meisten Christen haben ihr wahres Ich noch nie gesehen. Würde ich eine Person bitten, sich selbst zu beschreiben, könnte sie mir sicherlich etwas über ihr Äußeres sagen, wüsste aber vermutlich nichts darüber, wer sie in Christus ist. Aus diesem Grund leben wir wie Bettler – arm, deprimiert und besiegt. Gott hat uns bereits alles gegeben, wir haben es nur noch nicht gesehen.

Jesus betete für einen blinden Mann und ließ ihn – *anablepo* – aufblicken (Mk 8,25). Der Mann wurde sehend und seine Augen wurden geöffnet. Du musst dir die Augen deines Herzens öffnen lassen, und das geschieht, indem du Gott verherrlichst. Fang an, ihn wertzuschätzen und zu erheben. Suche dir entsprechende Bibelstellen heraus und sage: »Jesus, du stehst über allem. Dein Name ist höher als jeder andere Name. Krebs hat einen Namen. Armut hat einen Namen. Wenn eine Sache benannt werden kann, dann stehst du auch über ihr!« Lass Gott in deinen Augen größer sein als diese Situation. Dann fang an, ihm für all die Dinge zu danken, die er bereits getan hat. Nutze dein Gedächtnis, um deine Siege immer wieder Revue passieren zu lassen. Wenn du all das tust, wird deine Vorstellungskraft beginnen, gute Dinge zu sehen, anstatt die schlechten. Du wirst dich selbst Erfolg haben sehen, anstatt dich scheitern zu sehen. Was du dir vorstellst, wird dann nicht mehr zu deinem Schaden, sondern zu deinem Nutzen sein. Du wirst in deinen Gedanken nicht länger dem Nichtigen verfallen (Röm 1,21).

Wenn du Gott aber nicht ehrst, nicht dankbar bist und dich nicht an seine Güte erinnerst, dann wirst du ein negativer Mensch sein. Ein kleines Geflüster des Teufels, und schon geht deine Fantasie mit dir durch und du siehst ihn dein Leben zerstören. So ist es bei den meisten Menschen heute.

Deine Vorstellungskraft ist von entscheidender Bedeutung. Du hast nicht die Wahl, ob sie aktiv ist oder nicht. Du kannst nur entscheiden, in welche Richtung sie sich bewegt – zu deinem Nutzen oder zu deinem Schaden.

Wenn du dir unsinnige Vorstellungen machst, wird dein törichtes Herz sich verfinstern (Röm 1,21). Du kannst nicht im Widerspruch zu deinem Herz denken und handeln. Dein Herz ist die wichtigste Komponente.

Das ist alles so simpel, dass man es allein gar nicht missverstehen kann. Ich habe noch über keine einzige schwierige Sache gesprochen. Alles bis hierhin Erklärte war kinderleicht.

Doch die Leute legen sich lieber mächtig ins Zeug, anstatt einfach ihr Denken zu erneuern. Lieber organisieren sie eine Million Menschen zum Gebet und bitten Gott um die Ausgießung seines Geistes und darum, sie siegreich zu machen, als ihn zu verherrlichen und ihm dankbar zu sein. »Gieß einfach deinen Heiligen Geist aus, damit ich zurück vor den Fernseher kann, um meine Soaps und Talkshows zu sehen. Ich will nicht die Mühe auf mich nehmen, meine Aufmerksamkeit auf Gott zu richten und mich geistig mit den Dingen Gottes zu befassen.« Die Menschen versuchen auf jede erdenkliche Weise, dies zu umgehen, und wälzen die Verantwortung lieber auf Gott ab: »Sorge du für einen Evangelisten, der sich darum kümmert.«

Wenn du Gott kontinuierlich die Ehre gibst, dankbar bist und deine Vorstellungskraft auf positive Weise einsetzt, kannst du unmöglich scheitern. Das heißt nicht, dass du keine Probleme haben wirst. Die werden kommen, aber du wirst sie überwinden. Wenn du Gott in deinem Leben hast, bist du so gefestigt, dass dein »Innendruck« dem äußeren Druck, den die Welt, die Umstände und der Teufel auf dich ausüben, standhält. So einfach ist das.

Unwissenheit und Bequemlichkeit sind die einzigen beiden Gründe, warum die Leute das nicht kapieren. Entweder haben sie es noch nicht erkannt, oder sie wollen sich einfach nicht damit beschäftigen. Sie wollen, dass jemand anderes mit der Hand wedelt und es geschehen lässt. Nun, du kannst dich jetzt nicht mehr auf Unwissenheit berufen. Willst du ein Täter des Wortes Gottes sein oder nicht? Es ist wirklich so einfach. Doch es wird dein Leben verändern!

KAPITEL 14

Geistliche Kampfführung und das Herz

Manchen Leuten fällt es schwer, Gnade und Glaube zu vereinen. Sie neigen dazu, sich entweder auf das eine oder das andere zu stützen.

Menschen, die sich an der Gnade orientieren, sagen: »Gott tut alles aus Gnade, also haben wir absolut nichts damit zu tun.« Nun, das ist nicht ganz richtig. Gott ist Gott, und er liebt dich unabhängig von deiner Leistung. Er hat einen perfekten Plan für jeden einzelnen Menschen, und seine Gnade dir gegenüber ist völlig unverdient. Es gibt nichts, was du tun könntest, damit Gottes Gnade dir in einem stärkeren Maß zufließt, als sie es jetzt bereits tut. Bedenke jedoch, was in 1. Korinther 15,10 steht:

> *Aber durch Gottes Gnade bin ich, was ich bin; und seine Gnade, die er an mir erwiesen hat, ist nicht vergeblich gewesen,* ***sondern ich habe mehr gearbeitet als sie alle; jedoch nicht ich, sondern die Gnade Gottes, die mit mir ist.***

Gottes Gnade gilt jedem einzelnen von uns. Er hat einen perfekten Plan für dein Leben. Gott hat jeden Menschen bereits geheilt. Er hat schon reichlich vorgesorgt. Er hat finanziellen Segen auf dich befohlen. Es gibt keinen Grund, warum du jemals finanzielle Probleme haben solltest. Gott hat dich bereits mit finanziellem Wohlstand gesegnet und dir vollkommene Gesundheit geschenkt. Dieselbe Kraft, die Christus von den Toten auferweckt hat, ist im Inneren eines jeden wiedergeborenen Gläubigen. Du hast bereits Liebe, Freude und Frieden. Es gibt keinen Moment in deinem Leben als wiedergeborener Christ, in dem diese Dinge nicht deinen Geist fluten.

Aber es gibt Dinge, die du tun kannst, um das, was Gott im geistlichen Bereich getan hat, freizusetzen und es auch im Natürlichen sichtbar werden zu lassen. Du kannst entweder das ewige Leben Gottes erfahren, das deinem wiedergeborenen Geist innewohnt, oder du kannst es einfach dort drin aufgestaut lassen.

Was du tust, hat keinen Einfluss auf Gottes Herz dir gegenüber, aber es wird dein Herz ihm gegenüber beeinflussen. Wenn Gott nicht dein Fokus ist, wird das seine Liebe zu dir nicht schmälern, aber es wird deine Liebe zu ihm abnehmen lassen. Dein Herz wird sich Gott gegenüber verhärten. Gnade und Glaube müssen in einem ausgewogenen Verhältnis zueinander stehen.

In meinem Büchern *Du hast schon alles, was du brauchst*, *Leben im Gleichgewicht von Gnade und Glaube* und *Geist, Seele & Körper* gehe ich noch sehr viel detaillierter auf diese Thematik ein. Ich kann sie dir nur empfehlen.

Mach dein Rohr frei

Der Glaube ist deine positive Reaktion auf das, was Gott dir in seiner Gnade bereits gegeben hat. Viele verstehen das nicht. Wenn sie sich leer, deprimiert und entmutigt fühlen, dann bitten sie Gott, etwas zu tun. Der Herr hat seinen Segen bereits auf dich befohlen. Du musst ihn nie darum bitten, dich zu segnen, dich zu heilen, dir Freude zu schenken oder dich zu lieben. Gott hat dir all das bereits gegeben. Wenn du diese Dinge nicht erfährst, dann ist dein Leitungsrohr verstopft – nicht das von Gott.

Da Gottes Sender immer sendet, müssen wir unseren Empfänger überprüfen, um zu sehen, ob wir auf Empfang sind oder nicht. Wir müssen an uns selbst und an unserem Empfang arbeiten. Genau darum geht es hier.

Römer 1,21 offenbart vier Dinge, die wir tun, die Gottes Fluss in unserem Leben blockieren. Wenn wir das Ganze jedoch ins Positive kehren und sie stattdessen zum Guten nutzen, werden diese Dinge zu vier Schlüsseln, wie wir von Gott erfüllt bleiben.

Der erste Schlüssel, um Gottes Fluss in deinem Leben nicht zu unterbrechen, besteht darin, Gott zu verherrlichen. Das bedeutet, Gott wertzuschätzen, ihn angemessen zu würdigen, zu ehren und zu achten. Es bedeutet auch, ihn zu preisen – ihn für dich größer zu machen. Du kannst Gott preisen und ihm dadurch in deinem Leben mehr Wichtigkeit und Größe geben. Wenn du dich auf den Herrn fokussierst und das, was er gesagt und getan hat, wertschätzt, wird er für dich bedeutender werden als deine Umstände und Probleme. Aber zuerst musst du ihn als wertvoller ansehen als alles andere in deinem Leben. Das ist der Punkt, an dem es den meisten Menschen fehlt. Sie erkennen und schätzen nicht in angemessener Weise, was der Herr in ihrem Leben getan hat.

Der zweite Schlüssel ist Dankbarkeit. Wir leben in einer undankbaren Generation. Undankbarkeit ist unheilig (2Tim 3,2). Sie ist Sünde. Dennoch betrachten die meisten Menschen Dankbarkeit als Nebenprodukt, wenn die Dinge gut laufen. »Würde mein Leben besser laufen, wäre ich auch dankbar.« Die Wahrheit ist, dass du für das dankbar sein solltest, was du *jetzt* hast. Wenn du warten willst, bis alles in deinem Leben perfekt ist, bevor du dankbar bist, wirst du nie dankbar sein.

Gefangengenommen und gehorsam

Der dritte Schlüssel ist ein Bewusstsein für die Macht der eigenen Vorstellungskraft.

> *Denn obwohl wir im Fleisch wandeln, kämpfen wir nicht nach dem Fleisch; denn die Waffen unseres Kampfes sind nicht fleischlich, sondern mächtig für Gott zur Zerstörung von Festungen; so zerstören wir überspitzte Gedankengebäude und jede Höhe, die sich gegen die Erkenntnis Gottes erhebt, und nehmen jeden Gedanken gefangen unter den Gehorsam Christi. — 2. Korinther 10,3–5* ELB

Falls du es noch nicht gemerkt haben solltest: Zum Leben eines Christen gehören auch geistliche Kämpfe. Wenn du dich nach der Wiedergeburt wirklich der Führung des Herrn unterstellst, ist es so, als hättest du eine große Zielscheibe auf deinem Rücken. Der Teufel wird dich auf jeden Fall angreifen. Manch einer denkt jetzt vielleicht: »Dann will ich mich dem Herrn lieber nicht unterstellen.« Aber ich sage ja nicht, dass du den Kampf verlierst. Du kannst ihn gewinnen. Ich selbst bin jetzt siegreicher als je zuvor, doch das liegt nicht etwa daran, dass ich keine Kämpfe hätte. Ich habe jetzt mehr Kämpfe als je zuvor, aber ich gewinne sie. Ich rede hier also nicht von Niederlage, sondern sage nur, dass Kampfsituationen auftreten.

Um siegreich zu leben, braucht es Einsatz. In diesem Bibelabschnitt steht, dass die Waffen unseres Kampfes Festungen, überspitzte Gedankengebäude und jede Höhe, die sich gegen die Erkenntnis Gottes erheben, zerstören. Diese Waffen bringen all diese Gedanken in die Gefangenschaft unter den Gehorsam Christi.

Eine Ablenkung

Das meiste, was wir heute über geistliche Kampfführung in der Gemeinde Christi hören, ist absolut falsch. Es ist ein Ablenkungsmanöver. In einer Schlacht ist es eine effektive Taktik des Gegners, dich glauben zu lassen, dass er an einem bestimmten Ort angreift. Wenn du dann alle deine Streitkräfte dorthin versammelst, greift der Feind deine Flanke an. Und genau so hat es auch der Teufel gemacht.

Vieles von dem, was als geistliche Kampfführung gilt, wurde von Satan angeregt und gefördert. Die Menschen sind damit beschäftigt, dieses zu binden und jenes zu bekämpfen. Sie versuchen, dämonische Mächte über Städten, Ländern und sonstigen Gebieten zu »bekriegen«, aber das sind nicht die Orte, wo die Schlacht stattfindet. Die Bibel sagt, dass der wahre Kampf in den menschlichen Gedanken und Vorstellungen stattfindet (2Kor 10,3–5). Der geistliche Kampf findet direkt zwischen deinen Ohren statt!

Manche Leute versuchen, den Teufel aus einem Gottesdienst zu »verbannen«. In der Kirchengemeinde, in der ich aufgewachsen bin, haben wir über alle Türen und Fenster »das Blut proklamiert«. Wir dachten, dass ein Teufel, der es an diesem Blut vorbeischaffen könnte, schon ein geretteter Teufel sein müsste. Aber so funktioniert das nicht.

Der Satan war beim letzten Abendmahl anwesend. Laut der Bibel fuhr er dort in Judas hinein (Joh 13,26–27). Das bedeutet, er muss direkt mit im Raum gewesen sein. Wenn Jesus den Teufel nicht vom letzten Abendmahl fernhalten konnte, dann kannst du ihn auch nicht von deinen Treffen fernhalten. Wenn wir den Teufel binden und von unseren Zusammenkünften fernhalten könnten, würden nur sehr wenige Menschen kommen.

Der Kampf und die Verbindung

Es geht nicht um das, was im Äußeren vor sich geht, sondern um das Innere. Der Kampf findet im Inneren statt – direkt zwischen den Ohren. Du kämpfst gegen Gedanken und Vorstellungen. Begreifst du, wie wichtig deine Vorstellungskraft ist?

Die meisten Menschen erkennen die positive Seite ihrer Vorstellungskraft nicht, die Träume, Hoffnungen, Ziele und Bestrebungen entstehen lässt. Aber sie kennen und nutzen ihre negative Seite, die Angst, Sorge und Furcht produziert. Tatsächlich ist deine innere Wahrnehmung – die Art, wie du die Dinge siehst – die treibende Kraft in deinem Leben.

Mit deinen Gedanken nimmst du Dinge auf und stellst sie dir vor. Wenn deine Vorstellungskraft nicht zu deinen Gunsten arbeitet, dann arbeitet sie gegen dich und macht dich in kreativer Hinsicht unfruchtbar. Wenn sie gegen dich arbeitet, wirst du nichts anderes als negative Dinge zustande bringen können. Das ist ein ganz wichtiger Punkt.

In Römer 1,21 wird deutlich, dass Gott zu ehren und dankbar zu sein, in direktem Zusammenhang mit dem richtigen Funktionieren der Vorstellungskraft steht. Alles ist miteinander verknüpft und verbunden. Man kann nicht erfolgreich am eigenen Gedankenleben arbeiten, während man Gott außer Acht lässt und undankbar ist. Es funktioniert genau andersherum. Wenn du Gott über alles und jedes stellst und ihn wirklich zu preisen beginnst, wird deine Vorstellungskraft automatisch in die richtige Richtung laufen und deine Gedankenwelt zum Positiven verändern. Wenn du dem Herrn den richtigen Wert beimisst und anfängst, ihm für alles, was er gesagt und getan hat, dankbar zu sein, wird deine Vorstellungskraft auf gute Weise zu funktionieren beginnen. Dies musst du unbedingt verstehen.

Wenn du Gott hingegen nicht preist, ihm nicht dankbar bist und deine Vorstellungen unsinnig werden, dann wird sich als letzter Schritt dein törichtes Herz verfinstern (Röm 1,21).

Innerlich zerrissen?

Das menschliche Herz ist ein wichtiges Thema in der Bibel. Die Bibel enthält eine große Menge an Wissen, das dir hilft, dein Herz zu verstehen. In meinem Buch *Ein verhärtetes Herz* gehe ich näher auf diese Thematik ein, kratze damit aber trotzdem nur an der Oberfläche all dessen, was Gottes Wort offenbart.

Jesus sagte:

»Denn wovon das Herz voll ist, davon redet der Mund.«
— Matthäus 12,34

Dein Herz bestimmt, was du sagst und tust. Es macht den Kern deines Wesens aus.

Wie ein Mensch in seinem Herzen denkt, so ist er.
— Sprüche 23,7 KJV

Die wenigsten verstehen das. Sie setzen ganz auf das, was man »Verhaltensänderung« nennt. Sie versuchen, ihre Handlungen zu ändern, ohne ihr Herz zu verändern.

Diese Leute erkennen nicht, dass es ihr Wertesystem ist, das sie überhaupt erst zu ihrem Verhalten veranlasst. Sie betrinken sich oder nehmen Drogen, um high zu werden. Dann verursachen sie einen Autounfall und verlieren ihren Job. Irgendwann wird ihnen klar, dass ihr Handeln ihr Leben zerstört und andere Menschen in Gefahr bringt. Es verursacht Probleme und führt zu großen Schwierigkeiten.

Also versuchen sie, ihr Verhalten zu ändern, ohne ihr Herz zu verändern. Doch was tun sie in Wirklichkeit? Sie zerreißen sich selbst. Gottes Wort nennt das »Heuchelei«.

Heuchelei

Die Gemeinde Christi ist zu einem großen Teil auf richtiges Verhalten fixiert. Die Predigt läuft nach dem Motto: »Lass Saufen, Fluchen, Rauchen sein und lass dich mit solchen, die es tun, nicht ein. Gott sei gelobt – ihr müsst dies und das und jenes tun und müsst dieses und jenes unterlassen.« Der Schwerpunkt liegt auf den Handlungen, aber nicht auf der Veränderung des Herzens. Das führt zu Heuchelei bei den Menschen.

Viele Christen geben nicht etwa deshalb, weil sie das Geben richtig verstehen und ein großzügiges Herz haben. Sie tun es aus Angst vor Bestrafung. Sie geben – handeln –, aber nicht mit dem richtigen Motiv und der richtigen Einstellung. Deshalb sind sie nicht in der Lage, den vollen Nutzen aus ihren Handlungen zu ziehen.

> *Und wenn ich meine ganze Habe verschenkte und wenn ich meinen Leib opferte, um mich zu rühmen, hätte aber die Liebe nicht [Gottes Art der Liebe], nützte es mir nichts.*
> *— 1. Korinther 13,3 EÜ*

Egal, was oder wie viel du tust, Gottes Wort sagt ganz klar, dass deine Herzenseinstellung wichtiger ist als deine Taten.[18]

Jesus sagte zu den Pharisäern:

Wehe euch, ihr Schriftgelehrten und Pharisäer, ihr Heuchler, dass ihr das Äußere des Bechers und der Schüssel reinigt, inwendig aber sind sie voller Raub und Unmäßigkeit! Du blinder Pharisäer, reinige zuerst das Inwendige des Bechers und der Schüssel, damit auch ihr Äußeres rein werde! Wehe euch, ihr Schriftgelehrten und Pharisäer, ihr Heuchler, dass ihr getünchten Gräbern gleicht, die äußerlich zwar schön scheinen, inwendig aber voller Totengebeine und aller Unreinheit sind! — Matthäus 23,25–27

Dem Herrn liegt mehr an deinem Herzen als an deinen Taten. Wenn in deinem Herzen die richtige Einstellung herrscht, dann werden auch deine Taten entsprechend ausfallen.

Gott ist an deinem Herzen interessiert

Vordergründig klingt das gut, aber religiöse Menschen wenden es nur ungern an. Sie legen mehr Wert auf formale und handlungsbezogene Äußerlichkeiten, als sich wirklich mit dem Herzen zu befassen. Manche Leute sind ganz versessen auf äußere Dinge. Wenn jemand in deine Kirche käme, der Gott kennenlernen möchte, aber gegen deine Kleiderordnung verstößt, würdest du ihn dann verurteilen? Würdest du jemanden verurteilen, der klatscht, obwohl er nicht klatschen sollte, und der in deiner stillen Kirche laut ein Gotteslob ausstößt?

Der Mensch sieht auf das, was vor Augen ist, der HERR aber sieht das Herz an! — 1. Samuel 16,7

Wenn du Gott dein Herz schenkst, werden sich mit der Zeit auch deine Handlungen ändern. Hier besteht ein wichtiger Zusammenhang, aber die Menschen schauen oft nur darauf, wie die Dinge von außen wirken.

Religion ist größtenteils von Menschen gemacht. Sie entspricht den Vorstellungen der Menschen, deshalb liegt der Schwerpunkt auf der äußeren Erscheinung. Es ist den Leuten egal, ob du mit dem Herzen dabei bist oder nicht, solange sie sehen, dass du gesittet bist und so aussiehst und handelst wie sie. Komm einfach in der richtigen Kleidung in die Kirche, tu die richtigen Dinge und wirf dein Geld in die Kollekte, denn es ist ihnen egal, wie es um dein Herz bestellt ist.

Gott hingegen ist es nicht egal. Er will dein Herz verändern. Auch im persönlichen Leben kommt es erstaunlich oft vor, dass man sich ganz auf das Verhalten konzentriert und den Zustand des Herzens ignoriert. Dir muss bewusstwerden, dass Gott sich für dein Herz interessiert. Das ist es, was ihn erfreut.

KAPITEL 15

Lebe aus deinem Herzen

Als ich einmal in Phoenix diente, bemerkte ich eine junge Frau in der ersten Reihe, die buchstäblich auf und ab hüpfte. Sie war ganz aufgeregt, weil sie erst zwei Monate zuvor wiedergeboren worden war. Also bat ich sie eines Abends, aufs Podium zu kommen und ihr Zeugnis mit uns zu teilen.

Sie stand auf und fing an zu erzählen. Sie sagte: »Oh, das ist das beste …« Jedes dritte Wort in ihrer Rede war eine Obszönität. Die Leute schnappten nach Luft und einige lachten. Sie sah mich an und fragte: »Habe ich etwas falsch gemacht?«

Ich antwortete: »Nein, du hast nichts falsch gemacht. Erzähl einfach weiter.«

Also fuhr sie fort, ihr Zeugnis zu erzählen, und dabei fluchte sie zehn Minuten lang wie ein Wagenkutscher. Nach dem Gottesdienst kamen Leute zu mir und sagten: »Nicht zu fassen, dass du sie das hier im Gottesdienst hast sagen lassen. So etwas käme mir nie in den Sinn!« Sie kritisierten ihr Vokabular, urteilten über ihr Äußeres und übersahen dabei völlig ihr Herz.

Ich sagte ihnen: »Wisst ihr was? Gott hat sich über dieses Zeugnis mehr gefreut als über das eure in den letzten zwanzig Jahren. Einige von euch stehen moralisch aufrecht wie eine Tonsäule, sind innerlich aber mindestens genauso hohl. Ihr habt euch all die richtigen Manierismen und Verhaltensweisen angeeignet, aber euer Herz brennt nicht für Gott. Ihr würdet nie fluchen, außer wenn ihr euch den Daumen brecht oder etwas schiefgeht. Ihr habt lediglich gelernt, euch in der Kirche zu beherrschen. Diese Frau liebt Gott von ganzem Herzen. Ihr Bewusstsein hinkt einfach noch ein bisschen hinterher.«

Als ich ein Jahr später zurückkehrte, kam sie auf mich zu und entschuldigte sich: »Es tut mir leid! Ich wusste nicht, dass Christen nicht so reden. Ich habe in der Welt gelebt. Ich habe als Prostituierte gearbeitet und dachte, alle würden so reden. Ich wusste nicht, dass ich etwas Falsches tue.« Ich ließ ihr einfach etwas Zeit, und die Dinge regelten sich von selbst.

»Sie wird es lernen«

Einmal haben wir eine Frau in Childress, Texas, zum Herrn geführt. Sie und ihr Mann hatten in den drei Jahren zuvor in einer Nudistenkolonie gelebt. Obwohl diese Frau wiedergeboren war, hatte sie, als sie zum ersten Mal zum Gottesdienst kam, nur kurze Shorts an. Ich meine, sie konnte kaum darauf sitzen, so kurz waren sie! Außerdem trug sie obenherum nur ein Neckholder-Top – und diese Frau war sehr gut ausgestattet. In dieser kleinen Gemeinde saßen wir immer im Halbkreis. Da wir nie mehr als fünfzig Leute waren, konnte man den Blick auf sie kaum vermeiden. Wenn wir anfingen zu tanzen und Gott zu loben, blieb nichts der Fantasie überlassen!

Jedenfalls kam der religiöse Teil der Leute auf mich zu, kritisierte mich und drängte: »Willst du nicht etwas dagegen unternehmen?«

Ich antwortete: »Haben wir ihr im Park etwa erst ein Laken übergeworfen, bevor wir ihr von Jesus erzählten und ihr sagten, wie sehr er sie liebt? Lasst ihr einfach Zeit, sie wird es lernen.« Ich glaube, sie brauchte etwa sechs Wochen, jedenfalls dauerte es nicht sehr lange.

Eines Tages nahm sie an einem Treffen der Frauenbibelgruppe teil, die von meiner Frau geleitet wurde. Sie sagte: »Wisst ihr, ich habe noch nie ein Kleid besessen. Ich hätte wirklich liebend gern eines und würde mich gerne so kleiden wie ihr anderen. Würdet ihr alle dafür beten, dass mein Mann und ich genügend Geld zusammenbekommen, um ein Kleid zu kaufen?« Am frühen Nachmittag desselben Tages besaß sie dann bereits ein Dutzend Kleider! Sie waren alle hochgeschlossen und reichten bis zu den Knöcheln. Als sie zum nächsten Gottesdienst kam, trug sie voller Stolz eines ihrer neuen Kleider. Und das geschah, ohne dass jemand gesagt hätte: »Gott ist böse auf dich und liebt dich nicht, wenn du dich nicht auf eine bestimmte Weise kleidest.«

Ich bin der Meinung, dass man sich so kleiden sollte, dass andere Menschen nicht auf lüsterne Gedanken kommen. Man sollte sie nicht dazu animieren. Aber das ist eine Frage des persönlichen Wachstums. Gott sieht auf dein Herz. Diese Frau strebte mit ganzem Herzen nach ihm. Ich glaube, dem Herrn hätte es missfallen, wenn wir sie darauf angesprochen und ihre Aufmerksamkeit von ihm weggelenkt hätten, sodass sie ihr Augenmerk auf all diese Äußerlichkeiten richtet. In meinem Herzen wusste ich, dass der Herr ihr diese Dinge zeigen würde, und das tat er auch.

Handlungen sind ein Nebenprodukt

Die meisten religiösen Menschen können damit einfach nicht umgehen. Sie sind so sehr darauf bedacht, andere zu korrektem Verhalten zu bewegen, dass es zur Heuchelei führt. Sie setzen den Schwerpunkt auf die Anpassung an diese Norm, ob der Betreffende das wirklich will oder nicht. Also fügt die Person sich, um akzeptiert zu werden oder was auch immer sonst noch damit verbunden ist. Das erzeugt Heuchelei. Wir holen die Fische bloß ein. Es ist die Aufgabe des Herrn, sie zu reinigen. Sei also nachsichtig und liebevoll – und lass Gott an den Herzen arbeiten.

Der Zustand deines Herzens bestimmt, wie du dich verhältst. Manche Menschen versuchen, ihr Verhalten zu ändern, ohne ihr Herz zu verändern. Das ist aber nicht der richtige Weg. Gott möchte dein Herz verändern, und dann wird sich als Nebenprodukt auch dein Verhalten ändern. Taten sind nicht die treibende Kraft – sie sind eine Folge. Richtiges Handeln ist das Nebenprodukt einer innigen Beziehung zu Gott.

Ich meine damit nicht, dass du dich nicht gottgefällig verhalten sollst. Ich sage nur, dass es aus deinem Herzen kommen muss, sonst gefällt es Gott nicht. Es mag deiner Religion gefallen und dir bei bestimmten Leuten Pluspunkte einbringen, aber Gott schaut auf dein Herz.

Es geht nicht darum, dass du einfach die richtigen Dinge tust. Du könntest alles geben, was du hast, um die Armen zu speisen, du könntest sogar für deinen Glauben sterben, aber wenn du nicht von der Liebe Gottes motiviert wärst, würde es dir nichts nützen (1Kor 13,3). Du musst die Dinge aus einem reinen Herzen der Liebe heraus tun.

Ein verfinsterter Verstand

Wenn Römer 1,21 von einem Herzen spricht, das »verfinstert« wurde, ist damit gemeint, dass man für Gott unempfänglich geworden ist. Man ist nicht mehr aufnahmefähig. Man hört die Stimme Gottes nicht mehr. Hier geht es um ein verhärtetes Herz.

Das sage ich nun und bezeuge in dem Herrn, dass ihr hinfort nicht wandelt, wie andere Heiden wandeln, in der Nichtigkeit ihres Sinnes, indem das ***Verständnis*** *verfinstert ist …*
— Epheser 4,17–18 KJV

Dem Wort »Verständnis« liegt dasselbe griechische Wort zugrunde, das an anderer Stelle mit »Vorstellungen« übersetzt wird. Es ist deine Vorstellungskraft, die dich befähigt zu verstehen. Vorstellungskraft ist also gleichbedeutend mit Verständnis.

… und sie dem Leben Gottes entfremdet sind durch die Unwissenheit, die in ihnen ist, wegen ***der Verblendung ihres Herzens****. — Epheser 4,18 KJV*

»Ihr unverständiges Herz wurde verfinstert« in Römer 1,21 bedeutet dasselbe wie hier: Ihr Herz ist verblendet. Es geht darum, dass dein Herz nicht in der Lage ist, Gott zu erkennen, ihn wahrzunehmen, auf ihn zu hören und ihm zu folgen.

Gottes ursprüngliche Absicht

Gott hat uns eigentlich nicht dafür geschaffen, so zu leben, wie es die große Mehrheit von uns tut. Die meisten von uns leben aus den mentalen, emotionalen und physischen Teilen ihres Seins, nämlich Seele und Körper. Wir füttern sie mit all diesen externen Informationen. Wir erziehen sie und bringen ihnen bei, wie sie Dinge tun sollen. Der natürliche Verstand ist die treibende Kraft in den meisten Menschen. Wir treffen Entscheidungen auf der Grundlage all dieser äußeren, natürlichen Informationen, die wir mit unseren fünf Sinnen aufnehmen. Gott hat den Menschen für diese Art von Leben nicht geschaffen.

Er hat uns zwar schon die Fähigkeit gegeben, natürliche Informationen zu verarbeiten. Das ist wichtig, wenn man zum Beispiel Auto fährt. Wenn die Ampel rot zeigt, musst du in der Lage sein, darauf zu reagieren und anzuhalten. Aber Gott wollte nie, dass unser natürlicher Mensch die treibende Kraft in uns ist.

Der Mensch wurde ursprünglich als ein Wesen in Gemeinschaft mit Gott geschaffen. Er sprach zu uns in unserem Geist, weil unser Herz – der Geist – in ständiger Verbindung mit ihm stand. Wir wurden vollständig vom Geist geleitet. Unser Herz gab vor, was wir dachten, fühlten und taten. Als der Mensch gegen Gott sündigte, wurde diese Verbindung unterbrochen und unser Geist starb. Er hörte nicht auf zu existieren und zu funktionieren. Er wurde nur von Gott getrennt. Das ist es, was das Wort »Tod« in der Bibel bedeutet – Trennung.

In der Bibel gibt es so etwas wie eine »Beendigung der Existenz« nicht. Wenn jemand stirbt, wird sein Körper zu Staub, aber er hört nicht auf zu existieren. Er trennt sich von seinem Körper. Wenn die Bibel davon spricht, dass wir tot sind durch Übertretungen und Sünden (Eph 2,1), bezieht sich das nicht auf den physischen Tod, sondern gemeint ist, dass wir von Gott getrennt sind.

Als dies erst einmal geschehen war, blieben wir von Gott getrennt, bis er uns den Weg zurück in die Gemeinschaft eröffnete. Anstatt auf den Herrn zu hören und ihm zu folgen, begannen die Menschen, ihr Leben auf der Grundlage dieser äußeren Informationen selbst zu gestalten. Als wiedergeborene Gläubige haben wir jedoch wieder die Möglichkeit, unser Leben von unserem Herzen als Richtschnur bestimmen zu lassen, anstatt von unserem fleischlichen Verstand und den äußeren Umständen (2Kor 5,7). Aber nur sehr wenige Christen praktizieren dies.

Zukünftige Dinge

Jesus sagte uns, dass der Heilige Geist, wenn er gekommen sei, uns alles lehren, uns in alle Wahrheit führen, uns an alles erinnern und uns die Zukunft zeigen werde (Joh 14,26; 16,13). Wir haben das Potential unseres geistlichen Menschen bisher einfach nicht in dem Maße genutzt, wie wir es könnten.

Als ich vor fünfzehn Jahren über diese Bibelstelle nachsann, sprach der Herr zu mir und sagte: »Du hast mir nicht wirklich zugehört und dir von mir zeigen lassen, was noch kommen wird.« Also begann ich, darüber zu beten, und verbrachte Zeit in Gottes Gegenwart, um ihn in der Stille zu mir sprechen und auf mich einwirken zu lassen.

Zu der Zeit hatte ich meine vier Pferde schon seit zwei oder drei Jahren auf dem Landstück eines Freundes untergebracht. Jeden Sonntag kam er in der Kirche mit den Worten auf mich zu: »Oh, ich bin so froh, dass du die Pferde dort untergebracht hast. Ich muss das Gelände nicht mehr mähen. Ich finde es einfach großartig, deine Pferde bei mir zu haben.« Er besuchte sie oft, fütterte sie und beschäftigte sich mit ihnen. Alles lief bestens.

Als ich den Herrn zu bitten begann, mir Zukünftiges zu zeigen, sagte er mir als eines der ersten Dinge: »Du musst eine neue Bleibe für die Pferde finden.« Zuerst dachte ich: *Aber die stehen dort doch kostenfrei und er hat sie auch so gern!* Es ergab keinen Sinn für mich, also wartete ich eine Woche ab.

Schließlich hörte ich mich um und fand einen geeigneten Platz, an dem ich die Pferde unterbringen konnte. Ich würde dafür bezahlen müssen, aber immerhin hatte ich etwas gefunden. Am Samstag schlug ich in das Angebot ein und sagte zu dem Mann: »Ich weiß nicht, wann genau es so weit sein wird, aber ich weiß, dass ich die Pferde umsiedeln muss.«

Sonntags darauf kam dieser gute Freund von mir, dem das Grundstück gehörte, auf dem meine Pferde standen, auf mich zu und sagte: »Das geht so nicht mehr. Die Pferde müssen bis Dienstag weg sein. Ich werde sie nicht länger dulden!« Das war das allererste Mal, dass er so harsch mit mir geredet hatte. Es hatte keine Anzeichen für diese Entwicklung gegeben, allein Gott hatte mich darauf vorbereitet. Nur deshalb hatte ich bereits alles geregelt, als am Tag darauf diese Aufforderung kam. Dies war das erste von vielen Dingen, die der Herr mir zeigte und die uns schließlich dorthin geführt haben, wo wir heute sind.

Der Herr sagte mir achtzehn Monate bevor wir mit den Fernsehsendungen begannen, dass es so kommen würde. Danach gab es noch zwei Leute, die es mir prophezeiten. Das war dann die Bestätigung. Das sind nur kleine Beispiele, aber genau da müssen wir ansetzen. Wenn du den Herrn nicht bei den kleinen Dingen zu dir sprechen hörst, wirst du ihn auch bei den wichtigeren Angelegenheiten nicht hören. Die meisten von uns warten, bis sie von außen einen Hinweis bekommen, aber Gott will zu uns in unserem Herzen sprechen.

Geistlich gesinnt

Wusstest du, dass du nicht nur durch deinen eigenen Verstand Dinge wahrnehmen und denken kannst, sondern noch durch einen weiteren?

Dass ihr, was den früheren Wandel betrifft, den alten Menschen abgelegt habt, der sich wegen der betrügerischen Begierden verderbte, dagegen erneuert werdet im Geist eurer Gesinnung — Epheser 4,22–23

Du hast einen natürlichen Verstand und du hast einen geistlichen Verstand, nämlich den Sinn Christi in deinem wiedergeborenen Geist (1Kor 2,16). Eine ausführliche Erläuterung findest du in meinem Buch bzw. in meiner Lehrserie *Geist, Seele & Körper*.

Gott wird zu dir sprechen und du kannst Entscheidungen auf der Grundlage deines geistlichen Verstandes anstatt der deines physischen Verstandes treffen. Für die meisten Menschen klingt das vermutlich, als käme ich von einem anderen Planeten. Sie haben noch nie über die Tatsache nachgedacht, dass sie nicht nur einen, sondern noch einen zweiten Verstand haben. Aber der Grund, warum die Bibel sagt, dass man nicht geteilten Herzens sein soll (Jak 4,8), beruht auf genau dieser Tatsache. Es ist nicht gut, ständig zwischen beiden zu wechseln. Du musst geistlich gesinnt sein, und das heißt: Dein geistlicher Verstand hat die Kontrolle und benutzt deinen natürlichen Verstand nur als Verarbeitungseinheit. Du kannst natürliche Informationen aufnehmen, aber lass deinen geistlichen Verstand – dein Herz – die Entscheidungen treffen. Dein Herz hat die Fähigkeit, zu sehen, zu hören, zu denken und Entscheidungen zu treffen. Du solltest aus deinem Herzen heraus leben – nicht aus deinem Kopf.

Das ist für Menschen sehr schwer zu begreifen – vor allem in unserer Gesellschaft, in der Bildung so hoch angesehen ist. Die Leute, die die Nachrichtenmedien beherrschen, beeinflussen dich dahingehend, fleischlich gesinnt zu sein. *Fleischlich* bezieht sich einfach auf die fünf Sinne. Es geht darum, was du sehen, schmecken, hören, riechen und fühlen kannst. »Nur das zählt wirklich«, wird uns gesagt. Das Fleisch ist aber schwach. Wer fleischlich denkt, der denkt also schwach. Aus deinem alten physischen Gehirn heraus zu leben, macht dich geistlich gesehen – trotz aller Bildung – gewissermaßen zu einem Schwachkopf.

Ich weiß, dass das für die meisten Gläubigen ziemlich radikal klingt, aber es war von Gott so vorgesehen, dass du aus deinem Herzen leben sollst.

KAPITEL 16

Empfänglich für Gott

»Wie lebt man denn aus dem Herzen?« Schön, dass du fragst.

> *Das sage und bezeuge ich nun im Herrn, dass ihr nicht mehr so wandeln sollt, wie die übrigen Heiden wandeln in der Nichtigkeit ihres Sinnes. — Epheser 4,17*

Bei den »Heiden« hier ging es um Nichtjuden. Gemeint waren alle, die außerhalb von Gottes Bund standen – so wie heute ein Mensch, der sein Leben noch nicht dem Herrn Jesus Christus anvertraut hat. Dieser Vers erklärt also: »Sei nicht wie ein verlorener Mensch, der nur aus dem Kopf und nicht aus dem Herzen lebt. Von deinem Herzen geht das Leben aus« (Spr 4,23). Du musst lernen, auf dein Herz zu hören. Du solltest dich von deinem Herzen leiten lassen – nicht von deinem Verstand.

Die meisten Christen leben wie Menschen, die Gott nicht kennen, und wundern sich dann darüber, dass sie die gleichen Ergebnisse erzielen. Wenn du wie ein verlorener Mensch denkst, wirst du die Resultate eines verlorenen Menschen bekommen (Spr 23,7). Wenn du hingegen beginnst, wie eine neue Schöpfung in Christus zu denken, wirst du geistliche Ergebnisse voller Leben und Frieden erzielen (Röm 8,6; 12,1–2).

Wenn du in der Nichtigkeit deines Verstandes wandelst, verfinstert dies dein Verständnis bzw. Vorstellungsvermögen (Eph 4,18). Noch einmal: Alle diese Dinge sind miteinander verknüpft. Wenn du aus deinem natürlichen Verstand heraus lebst – aus dem, was du siehst, schmeckst, hörst, riechst und fühlst, und aus der Art und Weise, wie du diese Informationen in deinem eigenen menschlichen Spatzenhirn verarbeitest –, dann wirst du das, was Gott tun kann, stark einschränken.

Wenn dein Herz sich verhärtet – wenn es kalt, unempfänglich, gefühllos und Gott gegenüber unbeugsam wird –, funktioniert es zwar noch, aber es wird automatisch empfänglich für physische, fleischlich orientierte Dinge. Das ist die Situation, in der die meisten von uns leben. Unsere Herzen sind darauf konditioniert, unseren physischen Sinnen gegenüber empfänglich zu sein und uns von ihnen beherrschen und kontrollieren zu lassen.

Worauf bist du fokussiert?

Sorge, Angst, Unglaube und Zorn kommen alle aus dem Herzen.

> *Denn aus dem Herzen kommen böse Gedanken, Mord, Ehebruch, Unzucht, Diebstahl, falsche Zeugnisse, Lästerungen. — Matthäus 15,19*

> *Denn von innen, aus dem Herzen des Menschen, kommen die bösen Gedanken hervor, Ehebruch, Unzucht, Mord, Diebstahl, Geiz, Bosheit, Betrug, Zügellosigkeit, Neid, Lästerung, Hochmut, Unvernunft. — Markus 7,21–22*

Diese Dinge werden vom Herzen erzeugt. Und wenn dein Herz so reagiert, dann deshalb, weil du es von allen möglichen äußeren, physischen Dingen beherrschen lässt. Dein Verständnis ist verfinstert, sodass du Gott gegenüber unempfänglich wirst. Er sendet dir seine Botschaft und spricht zu dir, aber du hörst nicht, weil dein Herz es nicht empfangen kann.

Dein Herz wird empfänglich für das, worauf du dich konzentrierst, und verhärtet sich gegenüber dem, was du vernachlässigst. Wenn du Gott verherrlichen, erheben und wertschätzen würdest, dann bekämen der Herr und sein Wort einen höheren Stellenwert für dich. Er würde mehr von deiner Aufmerksamkeit in Anspruch nehmen als andere Dinge. Wenn du anfängst, dankbar zu sein, wirst du demütig und wendest deine Aufmerksamkeit von negativen Dingen ab und richtest sie auf positive Dinge. Dadurch wird dein Fokus ganz auf Gott gelenkt – das macht dich empfänglich für alles, was von ihm kommt. Wenn du Gott verherrlichst und ihm dankst, beginnst du, durch deine Vorstellungskraft göttliche Dinge statt des Negativen wahrzunehmen. Dies führt letztlich dazu, dass dein Herz für Gott empfänglich wird. Das ist nicht schwer, sondern ganz einfach!

Aber wenn du die Dinge Gottes vernachlässigst und auf Zweifel, Unglauben, Angst, Wut, Kritik und die Negativität der Welt hörst, kann dein Herz unmöglich für ihn empfänglich sein. Du kannst dann erworbenes Wissen zwar noch behalten, aber es ist nicht mehr bestimmend für dich. Du bist aufgrund des Zustands deines Herzens unempfänglich.

Gib den Gedanken keine Macht

Wie hältst du dein Herz empfänglich gegenüber dem Herrn? Verherrliche Gott. Schätze ihn mehr als alles andere. Das bedeutet auch, dass du ihm mehr Aufmerksamkeit schenken musst als allem anderen, und dass du dankbar werden musst. Führe dir immer wieder deine Siege vor Augen, erinnere dich an Dinge und zwinge deine Gedanken in eine positive Richtung. Mach dir klar, dass alles in deiner Vorstellung empfangen wird. Wenn du nicht willst, dass etwas Bestimmtes zur Geburt kommt, dann denke es nicht.

Deine Vorstellung ist der Ort, an dem Gedanken ihre Macht gewinnen. Du kannst nicht verhindern, dass dir Gedanken kommen, aber du kannst dich weigern, sie mit Macht auszustatten. Einmal hat mir jemand ins Gesicht gespuckt, als ich ihm Zeugnis gab. Es war ein großer Batzen ekliges Zeug. Und weißt du was? Mir kam ein sehr unchristlicher Gedanke – doch der verflüchtigte sich. Ich habe einfach weiter von Jesus erzählt, ohne auch nur eine Sekunde den Faden zu verlieren. Ich weigerte mich, dem Gedanken Macht zu geben.

Gedanken kommen von Zeit zu Zeit, aber erst dann, wenn du sie in deine Vorstellung eindringen lässt und sie zu sehen beginnst, gewinnen sie Macht über dich. Stoppe solche Gedanken, bevor sie zur Vorstellung werden. Du darfst nicht zulassen, dass deine Vorstellung einem Gedankengang folgt, der im Widerspruch zu Gottes Wort steht. Dies ist eine wichtige Wahrheit.

Wenn du diese Dinge tust, wirst du feststellen, dass es dein Herz für den Herrn sensibilisiert.

Lass Frieden regieren

Wenn man Gottes Art von Liebe einmal wirklich erlebt hat, ist das, was die Welt »Liebe« nennt, im Vergleich dazu einfach nur billig. Ich lebe und handle in Liebe. Ich werde nicht wütend auf Menschen. Wenn ich merke, dass ich unversöhnlich reagiere oder jemanden kritisiere, wende ich mich sofort an Gott und sage: »Vater, irgendetwas stimmt nicht, denn das entspricht nicht dem Wesen deiner Liebe.« Beim ersten Anzeichen eines solchen Verhaltens ziehe ich mich zurück und verbringe Zeit im Wort Gottes, um Gott zu suchen. Ich versetze mich wieder in einen Zustand zurück, in dem ich Gottes Art von Liebe empfinde – auch Menschen gegenüber, die mich hassen.

Und der Friede Gottes regiere in euren Herzen.
— Kolosser 3,15

Ich wende Kolosser 3,15 ständig an. Ich lasse mich im Straßenverkehr nicht stressen, wenn ich es eilig habe, irgendwohin zu kommen. Ich halte sogar am Straßenrand an, wenn es sein muss, weil ich nicht aus der Ruhe kommen will. Ich werde auch nicht nervös. Ich sehe die Leute, wie sie am Flughafen rennen, um ihren Flieger zu erwischen. Ich gehe einfach ganz normal – wenn ich den Flug verpasse, dann verpasse ich ihn eben. Das macht mir nichts aus. Aber ich weigere mich, wegen irgendwelcher Dinge aus der Ruhe zu kommen. Ich schätze Frieden sehr. Wenn irgendeine Sache in meinem Leben anfängt, mich zu beunruhigen und aufzuregen, stelle ich sie schnellstmöglich ab.

»Nun, Andrew, dann würdest du in meinem Alltag aber keine zehn Minuten überleben.« Da sage ich nur, selber schuld – ich würde in keinem Job arbeiten, der mir den inneren Frieden raubt.

Es gibt zwei Möglichkeiten, damit umzugehen. Wenn du nicht weißt, wie man in Frieden lebt, wirst du immer gestresst sein, egal, in welcher Situation. Wenn du dich aber tatsächlich in einer widrigen Lage befindest, die dir den Frieden raubt, musst du diese Situation ändern. So etwas ist nicht gesund für dich – weder körperlich noch in geistlicher Hinsicht.

Ich lasse mich einfach auf nichts ein, das mir den Frieden rauben will. Solche Dinge tue ich nicht. Deshalb diene ich auch an bestimmten Orten nicht, wenn ich weiß, dass die Bedingungen nicht gottgefällig sind. Viele meiner Entscheidungen treffe ich auf meinem inneren Frieden basierend.

»Ich werde nicht kommen«

Im Jahr 1980 hatte ich vor, nach Mittelamerika zu reisen. Ich war schon einmal dort gewesen und hatte großartige Dinge geschehen sehen. Ich hatte schon die Flugtickets gekauft und alles war vorbereitet, aber ich verlor meinen Frieden hinsichtlich dieses Vorhabens. Zu der Zeit half ich gerade meiner Mutter beim Umzug von Texas nach Colorado. Während der siebzehn Stunden, die ich mit dem Umzugslaster unterwegs war, betete ich bezüglich dieser Mittelamerikareise. Je länger ich in Sprachen betete, desto weniger gefiel mir die Vorstellung, mitzufliegen. Ich hatte einfach keinen Frieden darüber.

Zuallererst prüfte ich, ob ich wirklich über den Herrn nachsann. Nach siebzehn Stunden Sprachengebet war ich mir aber sicher, dass meine Gedanken definitiv dem Herrn galten. Dennoch hatte ich immer noch keinen Frieden. Je mehr ich darüber betete, desto weniger Frieden hatte ich. Schließlich rief ich die Reiseorganisatoren an und sagte: »Ich weiß nicht, was los ist, ich komme jedenfalls nicht mit.«

Ich sagte diese Reise ab, weil ich keinen Frieden darüber hatte. Später erfuhr ich, dass das Flugzeug, in dem ich hätte mitfliegen sollen, nach dem Start in Mexiko City abgestürzt war und alle 169 Passagiere beim Aufprall getötet wurden. Ich wurde bewahrt, weil ich auf mein Herz hörte und meinen Frieden bewahrte.

Gott spricht zu dir durch dein Herz. Du musst deinem Herzen erlauben, dich zu leiten. Wenn du jedoch Gott nicht ehrst, nicht dankbar bist und deine Gedanken nichtig geworden sind, dann wird dein törichtes Herz verfinstert sein (Röm 1,21). Mit anderen Worten: Dein Herz wird blind. Du bist dann dem Leben Gottes in dir entfremdet, weil dein Herz verhärtet und abgestumpft ist (Eph 4,18). Genau in dem Zustand befinden sich die meisten Christen, weil Gott nicht ihr Fokus ist, weil sie ihm keine Wertschätzung entgegenbringen, nicht seinen Namen preisen und ihre Vorstellungskraft nicht auf die richtige Weise gebrauchen. Sie sind so abgestumpft und unempfänglich gegenüber Gott, dass sie nicht hören können, wie er ständig zu ihnen spricht.

»Zieh rüber und halt an«

John G. Lake fuhr einmal eine Bergstraße hinauf. Rechts von ihm ging es etwa 300 Meter steil nach unten. Während er um eine scharfe Linkskurve fuhr, sagte der Herr: »Zieh auf die linke Spur und halt an.« Das ergab keinen Sinn. Wenn man auf einer Bergstraße in einer scharfen Linkskurve auf die linke Spur fährt, würde jeder, der aus der anderen Richtung herunterkommt, direkt in einen hineinfahren. Ich höre die Stimme Gottes zwar, aber ganz so hellhörig bin ich noch nicht. Wahrscheinlich hätte ich drei Visionen und eine Bestätigung gebraucht und wäre noch drei Kilometer die Straße hinaufgefahren, bevor ich reagiert hätte. Aber Lake zog einfach sofort nach links und hielt an.

Innerhalb von Sekunden kam ein außer Kontrolle geratener Langholztransporter den Berg hinuntergeschossen. Er schaffte es nicht um die Kurve und geriet auf die Außenspur. Hätte Lake nicht auf der Innenspur gehalten, wäre er mit dem Lkw zusammengestoßen und beide wären den Berg hinuntergestürzt und dabei zerstört worden.

Gott macht keinen Unterschied zwischen den Menschen. Er spricht zu jedem, wenn sich in dessen Leben ein Problem abzeichnet. Er spricht, aber wenn unser Herz verfinstert ist, sind wir aufgrund dessen Verhärtung von diesem Leben – der Stimme Gottes – entfremdet.

Viele Leute haben sich zum Beispiel gefragt, warum Gott den Tod von Keith Green, einem christlichen Sänger und Songschreiber, »zugelassen« hat. Er starb, als das kleine Flugzeug, in dem er saß, nach dem Abheben mit Hochspannungsleitungen in Kontakt kam. Beim Absturz des Flugzeugs kamen der Pilot sowie Keith und zwei seiner Kinder ums Leben. Keiths Frau hatte einen Traum gehabt, bei dem sie sah, dass das Flugzeug abstürzen würde. Sie flehte Keith an, nicht zu fliegen. Der Pilot sagte ihm sogar, das Flugzeug sei überladen und sie sollten nicht fliegen, aber Keith bestand darauf.

Gott spricht ständig zu uns. Ich habe Zeugnisse von Menschen gehört, die von Gott zum Beispiel davor gewarnt wurden, auf die Autobahn zu fahren, und tatsächlich ereignete sich auf der Strecke ein schlimmes Unglück. Es ist nicht Gott, der untreu ist – wir sind es, die seine Stimme nicht hören, weil wir uns nicht von unserem Herzen leiten lassen. Stattdessen folgen wir einfach der Ignoranz und Blindheit unseres Verstandes.

Vollkommene Weisheit

Dein Verstand ist nicht annähernd so gut geeignet, Dinge zu verstehen und zu verwerten, wie dein Herz. Dein Herz ist der Ort, an dem die wahre Weisheit liegt. Als wiedergeborener Gläubiger hast du »den Sinn Christi« (1Kor 2,16), und die Bibel sagt, dass wir den neuen Menschen (den geistlichen Menschen) angezogen haben,

»der erneuert wird zur Erkenntnis, nach dem Ebenbild dessen, der ihn geschaffen hat« (Kol 3,10).

Selbst die Wissenschaft sagt, dass wir das Leistungsvermögen unseres Gehirns bei weitem nicht ausschöpfen. Aber selbst, wenn wir es täten, entspräche dies immer noch nur einem Bruchteil dessen, was der geistliche Verstand zu leisten vermag, denn der trägt den Sinn Christi in sich!

Und ihr habt die Salbung von dem Heiligen und wisst alles.
— 1. Johannes 2,20

Diese Aussage bezieht sich nicht auf deinen natürlichen Verstand. Wenn du hierfür einen Beweis brauchst, denk einfach an den letzten Wissenstest, bei dem du mitgemacht hast. Es ist dein Geist – nicht dein Gehirn –, der alles weiß. In deinem wiedergeborenen Geist hast du die vollkommene Weisheit und den Sinn Christi. Du weißt alle Dinge in deinem Geist. Aber wenn du es zulässt, dass dein Herz sich verfinstert, was nützt dir dann all diese Weisheit und die Tatsache, dass Gott zu dir spricht, wenn du es doch nicht wahrnehmen kannst? Gott spricht zu dir durch dein Herz.

Kopf oder Herz?

Wir haben diese gewaltige Gegenwart Gottes in unserem Herzen, aber die meisten von uns hören nicht hin. Er spricht zu uns mit einer leisen, sanften Stimme, aber wir hören stattdessen auf all diese äußeren Einflüsse. Währenddessen versucht unser kleiner, natürlicher Verstand herauszufinden, wie sich das Leben bewältigen lässt. Wenn du nicht an den Punkt kommst, an dem du deinem Herzen mehr vertraust als deinem Kopf, wirst du nie ein siegreicher, fruchtbarer Christ werden.

Mein Sohn, achte auf meine Worte, neige dein Ohr zu meinen Reden! Lass sie nie von deinen Augen weichen, bewahre sie im Innersten deines Herzens! — Sprüche 4,20–21

Wo bewahrst du Gottes Wort? Im Innersten deines Herzens!

Ich bewahre dein Wort in meinem Herzen, damit ich nicht gegen dich sündige. — Psalm 119,11

Denn sie sind das Leben denen, die sie finden, und heilsam ihrem ganzen Leib. Mehr als alles andere behüte dein Herz; denn von ihm geht das Leben aus. — Sprüche 4,22–23

Das Leben kommt aus dem Herzen – nicht aus dem Verstand oder aus äußeren Dingen. Du musst dein Herz mit aller Sorgfalt bewahren. Das bedeutet, dein Herz muss Priorität haben und der wichtigste Teil von dir sein.

Wir bilden und schulen unser Gehirn. Wir haben sogar Gesetze gegen Schulschwänzerei; bei Verstößen gegen die Schulpflicht drohen Bußgelder. Also wachst du auf, schleppst dich aus dem Bett und zwingst dich, zur Schule zu gehen. Du zwingst dich, etwas zu tun. Aber wenn es um dein geistliches Leben geht, würdest du zwar gerne mehr das Wort Gottes studieren, mehr Gemeinschaft mit Gott haben und mehr im Geist beten, aber nur, wenn du Zeit hast und nichts Dringlicheres anliegt. Auch in den Gottesdienst gehst du nur, wenn du wirklich Lust dazu hast.

Nur die wenigsten von uns machen es sich zur Priorität, nach der Weisheit zu streben, die bereits in unserem Geist ist, um aus diesem Leben zu schöpfen. Wir haben Gott nicht den ersten Platz in unserem Herzen eingeräumt – und wundern uns dann, dass die Dinge nicht besser laufen. Die Art, wie wir leben, ist einer engen Beziehung mit Gott einfach nicht zuträglich.

Still hinsetzen und eintauchen

Sadhu Sundar Singh galt den Hindus in Indien als heiliger Mann. Er hatte eine Vision und bekehrte sich zum Herrn. Einmal war er in Bombay (das heutige Mumbai) und sah an einem Tag etwa fünfzehn oder zwanzig Menschen von den Toten auferstehen. Dieser Mann sah Hunderte von Menschen von den Toten auferstehen! Seine Versammlungen in Indien wurden von bis zu einer halben Million Menschen besucht. Schließlich musste er aufhören, für die Kranken zu beten, weil es so viele wurden, für die er beten sollte, dass er nie dazu kam, das Evangelium zu predigen. Er hörte also auf, für die Kranken zu beten, weil er der Ansicht war, dass die Verkündigung des Evangeliums wichtiger sei. Es geschahen großartige Dinge. Als ich nach Indien reiste, wusste dort jeder über Sadhu Sundar Singh Bescheid. Er ist dort eine Legende. Im Jahr 1929 wurde er zuletzt lebend gesehen und kam auf einer Reise in den Himalaya vermutlich um.

Um das Jahr 1920 herum reiste er in die Vereinigten Staaten. Die Überfahrt mit dem Schiff dauerte ein oder zwei Monate. Er verließ das Schiff in New York City, spazierte dreißig Minuten umher, ging zurück an Bord des Schiffes, sagte alle seine Termine ab und erklärte: »Diese Leute werden niemals das Evangelium vernehmen. Sie sind zu beschäftigt!« Und das war 1920! Kannst du dir vorstellen, was er von unserer heutigen Lebensweise halten würde?

»Seid still und erkennt, dass ich Gott bin.« — Psalm 46,11

Es erfordert Zeit, in Ruhe zu meditieren und dem Herzen alle Aufmerksamkeit zu schenken. Man kann nicht sagen: »Ich nehme mir nur kurz Zeit, aber dafür richtig. Es sind zwar nur fünf Minuten am Tag, aber die schöpfe ich voll aus.« Es geht nicht nur um Qualität, sondern auch um Quantität. Man muss sich hinsetzen und in die Gegenwart Gottes eintauchen.

Das ist der Grund für mehrtägige Veranstaltungen. Wenn wir mal eine Veranstaltung hätten, die einen ganzen Monat lang ginge, würden am Ende dieser Zeit Dinge passieren, die man in einem drei- oder viertägigen Meeting nie sehen würde. Warum? Weil die Leute einfach nur dagesessen und alles in sich aufgesogen hätten. Wenn man Menschen dazu bringen könnte, sich so viel Zeit zu nehmen, um unter dem Wort Gottes zu sitzen und in Gottes großartige Gegenwart einzutauchen, würde das die Art und Weise, wie sie empfangen, völlig verändern.

Du musst damit anfangen, Zeit in Gottes Gegenwart zu verbringen, auf dein Herz zu hören und darauf zu achten, was der Herr zu dir sagt. Gott funktioniert nicht wie ein Mikrowellengerät. Dein Wunder ist kein Schnellgericht. Du musst Zeit in der Gegenwart des Herrn verbringen. Es gibt hierfür einfach keine Abkürzung.

KAPITEL 17

Sinne über sein Wort nach

»Wie werde ich verständig? Wie kann ich mein Herz schulen, damit es hören und sehen lernt?« Gottes Wort sagt uns, wie das geht:

> *Ich bin verständiger geworden als alle meine Lehrer, denn über deine Zeugnisse sinne ich nach. — Psalm 119,99*

Was ist Meditation? Wie sinnt man nach? Indem man Gottes Wort liest, dann die physischen Augen schließt, um über das Gelesene nachzudenken, bis man es mit den geistigen Augen des Herzens sehen kann – mithilfe der Vorstellungskraft.

Zuerst innerlich, dann äußerlich

Johannes 14,12 ist ein mächtiger Vers, aber du musst ihn erst in deinem Herzen sehen, bevor du ihn selbst erleben kannst.

> *Wahrlich, wahrlich, ich sage euch: Wer an mich glaubt, der wird die Werke auch tun, die ich tue, und wird größere als diese tun, weil ich zu meinem Vater gehe.*

Lies es nicht nur und geh dann weiter – halte inne und denke darüber nach. Setz dich hin, schließe deine Bibel und bete: »Herr, hier steht, dass ich als jemand, der an dich glaubt, dieselben Werke tun werde, die du getan hast – und sogar noch größere.« Stell dir nun vor, dass du die Werke tust, die Jesus getan hat. Sieh vor deinem geistigen Auge, wie du Kranke heilst, Aussätzige reinigst und Dämonen austreibst. Stell dir vor, wie du jemandem, der tot ist, die Hände auflegst und er wieder zum Leben erwacht. Sieh, wie Blinde sehend und Taube hörend werden. Dann sag: »Das ist es, was Jesus mir aufgetragen hat zu tun. Da ich ein Glaubender bin, werde ich diese Dinge geschehen sehen.«

Wenn du hierüber nachsinnen würdest, hättest du mehr Verständnis als alle deine Lehrer. Dein Geist würde anfangen, sich zu öffnen, und du könntest Dinge mit deinem Herzen sehen. Du würdest hören, wie Gott in deinem Herzen zu dir spricht und dich leitet, bestimmte Dinge zu tun. So funktioniert es.

Bevor du es nicht innerlich gesehen hast, kannst du es nicht im Äußeren sehen.

»Was habe ich gepredigt?«

Ich habe Johannes 14,12 einmal in einem Mittwochabendgottesdienst in Corpus Christi, Texas, in einer Predigt verwendet. Ich reiste am nächsten Tag ab, aber der Pastor hatte zugehört und den Rest der Woche über diesen Vers nachgedacht. Am Sonntagmorgen stellte er sich vor die Gemeinde und predigte ebenfalls über Johannes 14,12. Er sagte dann: »Wir werden die Toten auferstehen sehen. Ich habe gründlich darüber nachgedacht und ich habe etwas in meinem Inneren begriffen. Ich weiß einfach, dass es geschehen wird!«

Während er dies predigte, stand ein Mann am Seitengang auf, und während er nach vorne ging, fasste er sich plötzlich ans Herz und fiel um. In der Versammlung saß eine Krankenschwester. Sie lief zu ihm, überprüfte seine Vitalwerte und sagte: »Er ist tot. Er hat keinen Puls mehr.« Sie fingen mit einer Herzdruckmassage an. Gleichzeitig verständigten sie die Rettungsleitstelle, die sich direkt auf der anderen Straßenseite befand. Normalerweise wären die Rettungskräfte in Sekundenschnelle zur Stelle gewesen. Aber dieses Mal brauchten sie fünfundzwanzig Minuten.

Da die Wiederbelebungsversuche nichts gebracht hatten, der Mann tot und der Gottesdienst ruiniert war, wusste der Pastor nicht, was er jetzt anfangen sollte. Da der Tote vor dem Podium lag, sagte der Pastor schließlich: »Lasst uns beten.« Als sie zu beten begannen, rief er aus: »Was habe ich gepredigt? Dass wir die Toten werden auferstehen sehen. Und dieser Mann ist tot.« Also trat er zu dem Toten hin, sprach zu ihm, und der Mann stand von den Toten auf – gerade in dem Moment, als die Sanitäter hereinkamen!

Nachdem sie den Mann ins Krankenhaus gebracht und untersucht hatten, erklärten sie ihn für völlig gesund und ließen ihn gehen. Der Mann musste ein Taxi zurück zur Kirche nehmen. Er ließ den Pastor den Fahrtpreis bezahlen und sagte zu ihm: »Ich wollte doch gar nicht ins Krankenhaus. Du hast mich dazu genötigt!« Und so sah die Gemeinde also, wie dieser Mann von den Toten auferstand.

Wie kam es dazu? Weil sie zunächst einmal anfingen, über dieses Wort nachzusinnen.

Trainiere deinen Verstand

Ich will hier niemanden kritisieren. Ich möchte nur klarstellen, dass Gott nicht unser Problem ist. Wir selbst sind unser Problem. Nur sehr wenige Gläubige sinnen Tag und Nacht über das Wort Gottes nach, so wie es in Josua 1,8 steht. »Komm schon, Andrew, nicht jeder ist Prediger wie du. Manche von uns müssen arbeiten. Ich kann nicht Tag und Nacht über das Wort Gottes meditieren.« Doch, das kannst du.

Derselbe Teil von dir, der sich Sorgen macht, ist auch fürs Meditieren zuständig. Sorge ist nichts anderes, als anhaltend über etwas Schlechtes nachzudenken. Du kannst über die Dinge Gottes meditieren und trotzdem deine Arbeit machen. Tatsächlich wirst du sie sogar besser machen. Du kannst deine Gedanken auf Gott richten. Du kannst jeden Gedanken gefangen nehmen und ihn dem Gehorsam Christi unterstellen. Du musst kein Pastor oder Prediger sein, um Tag und Nacht über das Wort Gottes nachzusinnen.

Die meisten Prediger sind vierundzwanzig Stunden am Tag auf Abruf und sie müssen sich um viele Dinge kümmern. Es ist schwer, Zeit zu finden, um über das Wort Gottes zu meditieren, wenn man im vollzeitliche Dienst ist. Es gibt so viele andere Dinge, die getan werden müssen. Komm mir also nicht mit diesem »Bei uns anderen klappt das nicht«-Unsinn. Die Bibel sagt, dass man jeden Gedanken gefangen nehmen und unter den Gehorsam bringen kann (2Kor 10,5). Gott hätte dir nicht aufgetragen, Tag und Nacht über sein Wort nachzusinnen, wenn dies nicht möglich wäre. Du kannst es.

Unser Verstand ist wie ein Muskel, der nicht trainiert wurde. Bei manchen Menschen ist er sogar fast verkümmert. Wir setzen uns vor den Fernseher und lassen uns berieseln. Wir lassen ihn das Denken für uns übernehmen, damit wir uns nicht anstrengen müssen. Die Zeitung zu lesen, ist manchen zu anstrengend. Wir wollen uns lieber hinsetzen und uns die Informationen intravenös verabreichen lassen. Es kostet Zeit und Mühe, seinen Verstand zu trainieren. Aber du kannst einen Zustand erreichen, in dem dein Verstand auf dich reagiert und tut, was du von ihm willst. Du kannst deinen Verstand trainieren.

Lies mit deinem Herzen

Dein Wort macht mich klug; darum hasse ich alle falschen Wege. — Psalm 119,104 LUT

Gottes Wort macht dich verständig. Es öffnet dein Herz.

Wenn dein Wort offenbar wird, so erleuchtet es und macht klug die Unverständigen. — Psalm 119,130 LUT

Gottes Wort berührt dein Herz. Manche Menschen haben Schwierigkeiten mit dem Wort Gottes, weil sie versuchen, es mit dem Kopf zu begreifen. Aber Gottes Wort ist für dein Herz geschrieben. Wenn du es mit deinem Herzen liest, wirst du es verstehen. Wenn du versuchst, es mit deinem Kopf zu analysieren, wirst du Dinge durcheinanderbringen und manches übersehen. Gottes Wort ist auf dein Herz geschrieben. Wenn du hinhörst, wirst du Zugang zu seinem Wort bekommen und es mit Klarheit erkennen. Es macht den Unverständigen verständig.

Das Buch der Sprüche dient einem ganz bestimmten Zweck:

Dass man Weisheit und Unterweisung erkenne und verständige Reden verstehe, dass man Unterweisung empfange, die einsichtig macht, Gerechtigkeit, Recht und Aufrichtigkeit; damit den Unverständigen Klugheit verliehen werde, den jungen Männern Erkenntnis und Besonnenheit. Wer weise ist, der hört darauf und vermehrt seine Kenntnisse, und wer verständig ist, eignet sich weise Lebensführung an, damit er den Spruch und die bildliche Rede verstehe, die Worte der Weisen und ihre Rätsel. — Sprüche 1,2–6

Das Buch der Sprüche wurde geschrieben, um dir Gottes Weisheit zu vermitteln und dir Einsicht zu geben. Wenn es dir daran fehlt, schlag das Buch der Sprüche auf und lies. Leg den Finger auf einen bestimmten Vers oder Abschnitt und sage: »Herr, du hast gesagt, du werdest mir Weisheit und Verständnis geben. Ich öffne jetzt mein Herz für dein Wort.« Dann denke über die Passage nach. Das wird dir mehr Verständnis geben, als es alle deine Lehrer haben.

Das Allerwichtigste

Mein Sohn, wenn du meine Worte annimmst und meine Gebote bei dir bewahrst, sodass du der Weisheit dein Ohr leihst und dein Herz der Einsicht zuwendest; wenn du um Verständnis betest und um Einsicht flehst, wenn du sie suchst wie Silber und nach ihr forschst wie nach Schätzen … — Sprüche 2,1–4

Manchmal vergeistigen wir die Dinge und übersehen ihre tatsächliche Bedeutung. Hier geht es darum, dass du dich mehr nach Gottes Wort sehnen solltest als nach beruflichem bzw. geschäftlichem Erfolg. Wenn du an den Punkt gelangst, dass dein Wunsch nach Weisheit größer ist als der nach Geld, wirst du Weisheit bekommen.

… wenn du sie suchst wie Silber und nach ihr forschst wie nach Schätzen, dann wirst du die Furcht des HERRN verstehen und die Erkenntnis Gottes erlangen. Denn der HERR gibt Weisheit, aus seinem Mund kommen Erkenntnis und Einsicht. — Sprüche 2,4–6

Aus seinem Mund kommt das Wort Gottes.

Dann wird Besonnenheit dich beschirmen, Einsicht wird dich behüten. — Sprüche 2,11

Der Anfang der Weisheit ist: Erwirb Weisheit, und um allen deinen Erwerb erwirb Verstand! — Sprüche 4,7

Hier geht es nicht einfach um menschliches Wissen, sondern um eine Herzenshaltung. Verstehen ist eine Funktion des Herzens.

Ehebrecher und Tiere

Wer aber mit einer Frau Ehebruch begeht, ist ein herzloser Mensch; er richtet seine eigene Seele zugrunde, wenn er so etwas tut. — Sprüche 6,32

Seid nicht wie das Ross und das Maultier, die keinen Verstand haben; mit Zaum und Gebiss, ihrem Geschirr, muss man sie bändigen, weil sie sonst nicht zu dir nahen! — Psalm 32,9

Verhalte dich nicht wie ein unverständiges Tier. Man kann es nur bändigen, indem man ihm Schmerzen zufügt. Tiere reagieren nur auf Körperliches. Du musst in der Lage sein, auf dein Herz zu hören, verständig zu sein und nicht erst dann zu reagieren, wenn es körperliche Folgen hat.

Ich bin erstaunt, wie oft dies nicht befolgt wird. Höre nicht erst dann auf deinen Geist, wenn die Dinge schon schieflaufen, deine Ehe in die Brüche geht und um dich herum alles zusammenbricht und zu brennen beginnt. Wenn das deine gewohnte

Vorgehensweise ist, wirst du immer jemand sein, der von einer Grube in die nächste stürzt, anstatt von Herrlichkeit zu Herrlichkeit zu gehen. Du musst auf dein Herz hören.

Wenn du losziehst und Ehebruch begehst, fehlt es dir an Verständnis. Du hörst nicht auf dein Herz. Du bist wie ein Pferd – du lässt dich von deinen Hormonen treiben.

Pferde sind nicht dumm, aber sie können nicht vernünftig und einsichtig denken – vor allem bei Hengsten ist es so, wenn die Hormone in Wallung geraten. Da fehlt es einfach an jeglicher Vernunft. Ich weiß das, weil ich auch schon mal einen Hengst besessen habe. Sobald der Hormonspiegel dieses Hengstes in die Höhe schnellte, stürzte er sich direkt auf die nächstbeste Stute, ganz egal, wer oder was ihm im Weg stand. Er war völlig blind gegenüber allem anderen als seinen Hormonen und dieser Stute.

Zugang zur Veränderung

Genau so verhält sich eine Person, die Ehebruch begeht. Ihr Denken setzt komplett aus. Sie hört weder auf Gott noch auf ihr Herz. Sie ist nicht empfänglich für das innere Zeugnis. Sie hat sich aus der Beziehung zu Gott zurückgezogen.

Wenn du an den Punkt kommst, an dem dein Herz das Sagen hat, kannst du unmöglich Ehebruch begehen. Man muss sein Herz buchstäblich abschalten, bevor man so etwas tun kann. Man kann unmöglich in enger Gemeinschaft mit Gott sein und trotzdem so handeln. Das gilt nicht nur für Ehebruch, das gilt auch für tausend andere Dinge. Wenn du in ständiger Verbindung mit Gott bist, wirst du nicht egoistisch, wütend, gemein oder deprimiert sein. Es gibt viele Dinge, die du nicht mehr fertigbringst, wenn du eine lebendige, liebevolle Beziehung mit Gott hast.

Die vier Schlüssel, die ich in diesem Buch vorgestellt habe, führen schrittweise zu einem gefestigten Herzen. Der erste Schlüssel: Wir wertschätzen Gott und das, was er in unserem Leben gesagt und getan hat. Der zweite: Wir sind dankbar, was bedeutet, dass wir uns erinnern. Der dritte: Wir nutzen unsere Vorstellungskraft auf positive Weise. Wenn wir diese drei Dinge tun, wird unser Herz ganz von selbst für Gott empfänglich. Wenn wir sie jedoch unterlassen, wird der vierte Schlüssel – ein Herz, das für den Herrn empfänglich ist – nicht möglich sein.

Allzu oft versuchen wir, unser Verhalten zu ändern, ohne zuerst unser Herz zu verändern. Unser Herz ist voll mit allem möglichen Müll. Wir denken an die falschen Dinge. Wir sind kalt und unempfänglich gegenüber Gott. So sieht es in unserem Herzen aus, aber trotzdem wollen wir andere Ergebnisse erzielen. Doch das ist der falsche Weg, so lösen wir das Problem nicht.

Was ich hier mitteile, mag schwer verdaulich sein, aber so hat Gott uns nun mal geschaffen. Die meisten Leute würden gerne einfach jemanden haben, der ihnen die Hände auflegt und alle ehebrecherischen Wünsche, depressive Gedanken oder was auch immer mit einem Nu aus ihnen verbannt. Wir wollen eine Sofortlösung; wir wollen nicht etwas tun müssen, das uns Mühe kostet. Zwar erfordert es Zeit und Mühe, das Herz zu verändern und zu festigen, aber ein gefestigtes, verändertes Herz bringt auch nichts mehr so schnell durcheinander. Wenn du aus einem solchen Herzen heraus zu handeln beginnst, wirst du nicht mehr ohne weiteres in Sünde verfallen. Ist dein Herz erst einmal gefestigt, wird es dich leiten.

Du kannst dein Herz nicht zum Guten verändern, ohne Gott zu verherrlichen, dankbar zu sein und deine Vorstellungskraft auf positive Weise einzusetzen. Auf diese Weise erhältst du Zugang zu deinem Herzen. So beginnst du, dich zu verändern.

SCHLUSSBEMERKUNG

Der in Römer 1,21 beschriebene Prozess funktioniert nicht rückwärts. Man muss vorne anfangen.

Triff eine bewusste Entscheidung, Gott zu ehren. Schätze den Herrn, seine Worte und seine Taten in deinem Leben höher ein als alles und jedes andere. Lass anderes gar nicht erst in Konkurrenz treten.

Du darfst nicht auf die Anerkennung anderer Menschen aus sein. Du darfst nicht von deinem Ehepartner, deinen Kindern oder deinem Job abhängig sein. Du musst an einen Punkt gelangen, an dem deine Liebe zu und dein Engagement für Gott im Vordergrund stehen. Du solltest selbst dann, wenn alles andere in deinem Leben zusammenbrechen würde, ihn immer noch schätzen, ehren und ihm höchste Wichtigkeit beimessen können. Gottes Wort sollte zu deiner einzigen Grundlage werden.

Verherrliche den Herrn und gib ihm größere Bedeutung in deinem Leben. Lobe ihn, danke ihm und erinnere dich an deine Siege. Bemühe dich bewusst, Negativem weniger Raum zu geben. Scheue keine Mühe, sondern stelle die Freude in den Vordergrund und richte deine Augen auf die guten Dinge, die Gott getan hat. Wenn du das tust, wird deine Vorstellungskraft beginnen, positive Dinge zu sehen, und dein Herz wird für Gott empfänglich. Das sind die Schritte, die du gehen musst. Du kannst auf keinem anderen Weg dorthin gelangen. So einfach ist das.

Denn so hat Gott dein Herz geschaffen. Das ist die Funktionsweise, die er für dich festgelegt hat. Vielleicht gefällt dir das nicht. Vielleicht willst du einen anderen Weg einschlagen. Aber gemäß seinem Wort hat der Herr dich exakt so geschaffen. So hat er es eingerichtet.

Wenn du diesen Dingen Priorität einräumst, wird das dein Leben retten. Wenn du auf dein Herz hörst und dem folgst, was es dir sagt, wirst du in übernatürlicher Weisheit und Frieden leben und handeln. Gott wird zu dir über diese Dinge sprechen, aber du musst das, was du von ihm erfährst, auch in die Tat umsetzen.

Höre auf dein Herz

Wir halten jedes Jahr im Januar unsere Vorstandssitzung der Andrew Wommack Ministries ab. Als ich mich im vergangenen Jahr dafür reisefertig machte, fragte ich den Herrn, ob ich etwas vergessen hätte. Du denkst jetzt vielleicht: »Komm schon, Andrew, dafür hat Gott dir doch ein Hirn gegeben.« Nun, ich glaube nicht, dass ich dem Herrn damit lästig falle. Deshalb bitte ich ihn einfach, mich an Dinge zu erinnern.

Ich selbst benutze keinen Wecker. Ich bitte einfach den Herrn, mich zu wecken. Ich sage nicht, dass es falsch ist, wenn du einen benutzt. Ich verzichte nur lieber darauf, weil ich dadurch noch mehr auf Gott höre. Ich schaffe mir eine Lebensweise, in der ich von Gott abhängig bin. Ich bin auch schon zu Bett gegangen mit dem Wissen, dass mir nur zwei Stunden Schlaf bleiben, bevor ich aufstehen muss, um rechtzeitig einen Flieger ins Ausland zu erwischen, den ich auf keinen Fall verpassen durfte. Ich bat Gott einfach, mich pünktlich zu wecken, und das tat er auch. Du musst es nicht so wie ich machen. Es gibt verschiedene Wege, um das Gleiche zu erreichen. Ich habe mich einfach für diesen Weg entschieden. Ich höre auf mein Herz und der Herr weckt mich jedes Mal auf. Ich habe noch nie einen Flug verpasst!

Als ich mich also auf diese Vorstandssitzung vorbereitete, fragte ich den Herrn, ob ich noch etwas mitnehmen solle. Mein Blick fiel auf eine Superbowl-Champion-Mütze der Denver Broncos, die mir jemand geschenkt hatte. Ich dachte dabei: *Ich wette, einem meiner Vorstandsmitglieder würde diese Mütze gefallen.* Unter dem Eindruck, dass dieser Gedanke vom Herrn kam, packte ich die Mütze ein, ohne jemandem etwas zu sagen.

Als die Sitzung vorbei war und wir alle aufbrachen, stand ich noch bei meinem Wagen, um mich von den anderen zu verabschieden. Ein Mann aus dem Vorstand, der in Oregon lebt, fragte mich plötzlich: »Weißt du, wo ich eine dieser Broncos-Mützen bekommen kann? Ich bräuchte eine und habe es schon in zwei, drei verschiedenen Geschäften versucht, aber ich kann einfach keine finden.«

Ich antwortete: »Nun, ich habe zufällig eine hier«, und überreichte sie ihm. Das hat mich nur noch mehr bestärkt, dass uns der Heilige Geist Dinge zeigt, wenn wir auf unser Herz hören.

Ich glaube nämlich, dass das dazu gehört, wenn man durch die Gaben des Heiligen Geistes wirken will. Wenn ich solche Dinge nicht hören kann, wie soll ich dann zum Beispiel hören, wenn Gott zu mir sagt: »Es ist heute jemand anwesend, der daran denkt, sich umzubringen«? Mach es nicht so, dass du nur in deiner stillen Zeit Gott zuhörst, und dich dann für den Rest des Tages auf deine eigenen fünf Sinne verlässt. Es ist nicht richtig, wenn du dein Leben auf diese Weise aufteilst.

Was wirst du tun?

Gott wird dir bei allem, was du tust, helfen. Ob du Buchhalter, Lkw-Fahrer oder was auch immer bist, Gott wird deine beruflichen

Fähigkeiten verbessern – er wird dir Fehlerquellen zeigen, dich vor Gefahrensituationen warnen und dafür sorgen, dass alles reibungslos funktioniert. Alles, was du tust, kannst du noch viel besser machen, wenn du empfänglich bist für Gott und auf ihn hörst.

Durch unser fleischliches Verhalten haben wir ganze Bereiche unseres Lebens in den Sand gesetzt. Gott hat uns nicht dazu geschaffen, auf diese Weise zu leben.

Wenn du auf dein Herz zu hören beginnst, wirst du erstaunt sein, was Gott durch dich tun wird. Das ist nicht der leichteste Weg, aber es ist der beste. Du musst dein Herz fest gründen. So einfach ist das.

Wenn du diese vier Schlüssel, wie man von Gott erfüllt bleibt, beherzigst und anfängst, sie in deinem Alltag umzusetzen, wirst du eine radikale Verwandlung erleben. Das könnte dein Leben für immer verändern, aber es hängt alles davon ab, was du daraus machst. Welchen Wert wirst du dem, was du hier erfahren hast, beimessen? Das kannst nur du entscheiden.

EMPFANGE JESUS ALS DEINEN RETTER

Jesus Christus als deinen Herrn und Retter anzunehmen, ist die wichtigste Entscheidung, die du jemals treffen wirst! Gottes Wort verspricht:

Denn wenn du mit deinem Mund Jesus als den Herrn bekennst und in deinem Herzen glaubst, dass Gott ihn aus den Toten auferweckt hat, so wirst du gerettet. Denn mit dem Herzen glaubt man, um gerecht zu werden, und mit dem Mund bekennt man, um gerettet zu werden. — Römer 10,9–10
*Denn: »**Jeder, der den Namen des Herrn anruft, wird gerettet werden**«. — Römer 10,13*

In seiner Gnade hat Gott bereits alles getan, um dir Errettung anbieten zu können. Dein Teil besteht einfach nur darin, zu glauben und zu empfangen. Bete laut:

Jesus, ich bekenne, dass du mein Herr und Retter bist. Ich glaube in meinem Herzen, dass Gott dich von den Toten auferweckt hat. Im Glauben an dein Wort empfange ich jetzt die Errettung. Danke, dass du mich erlöst hast!

Im selben Moment, in dem du dein Leben Jesus Christus übergibst, erfüllt sich augenblicklich die Wahrheit seines Wortes in deinem Geist. Weil du von neuem geboren bist, besitzt du jetzt ein völlig neues Ich!

EMPFANGE DEN HEILIGEN GEIST

Dein dich liebender himmlischer Vater möchte dir als seinem Kind die übernatürliche Kraft geben, die du brauchst, um dieses neue Leben auch auszuleben.

> *Denn jeder, der bittet, empfängt; und wer sucht, der findet; und wer anklopft, dem wird aufgetan. ... wie viel mehr wird der Vater im Himmel [den] Heiligen Geist denen geben, die ihn bitten! — Lukas 11,10.13b*

Alles, was du tun musst, ist bitten, glauben und empfangen! Bete:

> *Vater, ich erkenne, dass ich deine Kraft brauche, um dieses neue Leben auszuleben. Bitte erfülle mich mit deinem Heiligen Geist. Im Glauben empfange ich ihn genau jetzt! Danke, dass du mich getauft hast. Heiliger Geist, du bist in meinem Leben willkommen!*

Gratuliere – du bist jetzt mit Gottes übernatürlicher Kraft erfüllt!

Einige Silben einer dir unbekannten Sprache werden nun aus deinem Herzen zu deinem Mund aufsteigen. Wenn du sie im Glauben laut aussprichst, setzt du Gottes Kraft in deinem Inneren frei und erbaust dich selbst im Geist (1Kor 14,4.14). Du kannst dies tun, wann und wo immer du möchtest!

Es spielt eigentlich keine Rolle, ob du etwas gespürt hast oder nicht, als du gebetet hast, um den Herrn und seinen Geist zu empfangen. Wenn du in deinem Herzen geglaubt hast, dass du empfangen hast, dann ist es auch so, denn Gottes Wort verspricht: »Darum sage ich euch: Alles, was ihr auch immer im Gebet erbittet, glaubt, dass ihr es empfangt, so wird es euch zuteilwerden!« (Mk 11,24). Gott ist seinem Wort immer treu. Glaub es!

Bitte nimm Kontakt zu uns auf und lass es uns wissen, wenn du eines oder beide dieser Gebete gebetet hast. Wir würden uns gern mit dir freuen und dir ein Geschenk zusenden, das dir hilft, deine neue Beziehung zum Herrn zu verstehen und darin zu wachsen.

Damit wollen wir dir einfach sagen: *Willkommen in deinem neuen Leben!*

ANMERKUNGEN

1. Elberfelder Studienbibel, NT 2076 *euangelion*, Witten: SCM R. Brockhaus 2013.
2. Ebenda.
3. James Strong, *Strong's Exhaustive Concordance of the Bible,* »New Strong's Concise Dictionary of the Words in the Greek Testament«, #1392, S. 24, s. v. »glorified«, Römer 1,21.
4. Basierend auf *Noah Webster's Dictionary of American English,* abgerufen von http://www.e-sword.net/dictionaries.html, s. v. »esteem«.
5. James Strong, #2706, S. 48, s. v. »despised«, Hebräer 12,2.
6. Thayer and Smith, *The KJV New Testament Greek Lexicon,* »Greek Lexicon entry for Doxazo«, abgerufen von http://www.biblestudytools.net/Lexicons/Greek/grk.cgi?number=-1392&version=kjv, s. v. »glorify« und »magnify«, Römer 1,21; 11,13.
7. Thayer and Smith, *The KJV New Testament Greek Lexicon* »Greek Lexicon entry for Hegeomai«, abgerufen von http://www.biblestudytools.net/Lexicons/Greek/grk.cgi?number= 2233&version=kjv, s. v. »count«, Philipper 3,7-8.
8. Ebd. s. v. »esteeming«, Hebräer 11,26.
9. Es sind viele Informationen verfügbar, die diese Aussage untermauern, einschließlich eines Artikels von Michael Yapko, *Psychology Today,* »Advice: The Brain and Depression«, nachzulesen unter http://www.psychologytoday.com/articles/pto-20040521-000010.html.
10. Brown, Driver, Briggs and Gesenius, *The KJV Old Testament Hebrew Lexicon,* »Hebrew Lexicon entry for Yetser«, abgerufen von http://www.biblestudytools.net/Lexicons/Hebrew/heb.cgi? number=3336&version=kjv, s. v. »imaginations«, 1. Chronik 28,9.
11. Basierend auf Informationen des *Noah Webster's Dictionary of American English,* abgerufen von http://www.e-sword.net/dictionaries.html, s. v. »conception«, 1. Chronik 28,9.
12. Elberfelder Studienbibel, AT 3408 *jēzär,* Witten: SCM R. Brockhaus 2013.
13. Thayer and Smith, *The KJV New Testament Greek Lexicon,* »Greek Lexicon entry for Blepo«, abrufbar von http://www.studylight.org/lex/grk/view.cgi?number=991.
14. Basierend auf den Informationen des *Online Etymology Dictionary,* abrufbar von http://www.etymonline.com/index.php?term=ana-.
15. Thayer and Smith, *The KJV New Testament Greek Lexicon,* »Greek Lexicon entry for Anablepo«, abrufbar von http://www.biblestudytools.net/Lexicons/Greek/grk.cgi?number=-308&version=kjv.
16. Ebenda.
17. Siehe https://awme.net/online-bible-commentary/luke/9/16.
18. Näheres über das Thema Geben erfährst du in meinem Buch bzw. meinen Lehrbotschaften *Treu mit Finanzen umgehen*, *The Grace of Giving* und *Grace and Faith in Giving.*

ÜBER DEN AUTOR

Als **Andrew Wommack** am 23. März 1968 der übernatürlichen Liebe Gottes begegnete, wurde sein Leben für immer verändert. Seit vielen Jahrzehnten bereist Andrew Amerika und die Welt und lehrt die Wahrheit des Evangeliums. Seine tiefe Offenbarung von Gottes Wort vermittelt er mit Klarheit und Schlichtheit. Dabei legt er seinen Schwerpunkt auf Gottes bedingungslose Liebe und das Gleichgewicht zwischen Gnade und Glauben. Mit seinem Programm auf *GospelTruth.TV* erreicht er fast die Hälfte der Weltbevölkerung. 1994 gründete er das *Charis Bible College* (Charis) und hat seither Charis-Standorte in verschiedenen Großstädten Amerikas und weltweit eröffnet. Andrew hat eine Fülle an Lehrmaterial in gedruckter Form und im Audio- und Videoformat veröffentlicht, von dem das meiste kostenlos von seiner Website abgerufen werden kann.

Du kannst das AWM-Team per Brief, Mail
oder Telefon kontaktieren:

Andrew Wommack Ministries gGmbH
Postfach 56 03 02, 60407 Frankfurt am Main, Deutschland
info@andrewwommack.de | +49 69 64357850
Gebets-Hotline: +49 69 643578578
www.andrewwommack.de

CHARIS®
BIBLE COLLEGE

Die Macht deiner Vorstellungskraft

Oft beten Gläubige ohne sichtbaren Erfolg. Das liegt daran, dass ihnen die Macht ihrer Vorstellungskraft nicht bewusst ist! Lass dir von Gott ein Bild deiner Zukunft vor dein geistiges Auge malen. Dann kann dich nichts aus der Bahn werfen und du siehst dich immer auf der Gewinnerseite!

159 Seiten, Paperback, ISBN 978-3-95933-216-3
Auch als E-Book erhältlich.

Ein verhärtetes Herz

Ein verhärtetes Herz verhindert, dass wir die Stimme des Herrn hören und uns in unserem Alltag von ihm leiten lassen. Der Zustand unseres Herzens hängt davon ab, worauf unsere Aufmerksamkeit gerichtet ist. Verschaffe dir Klarheit, wie Glaube und Unglaube sich zueinander verhalten.

102 Seiten, Paperback, ISBN 978-3-95933-230-9
Auch als E-Book erhältlich.

www.gracetoday.de

Weitere Bücher von Andrew Wommack:

Leben in Gottes Fülle

Du hast schon alles, was du brauchst!

Die Vollmacht des Gläubigen

10 Gründe für ein Leben mit dem Heiligen Geist

Heilung: Gottes Wille für dich

Ein besserer Weg zu beten

Wie man auf dem Wasser geht

Begrenze Gott nicht

Mehr Gnade, größere Gunst